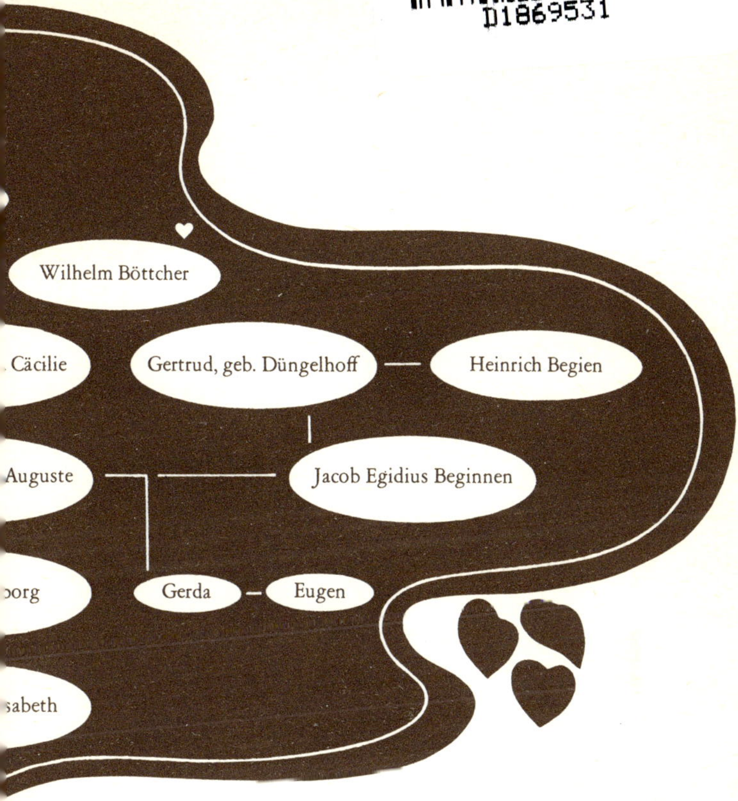

♥ Es ist absolut sicher, daß die Linien
Lina – Frieda Duncker und Wilhelmine – Hildegard – Heini
mit den Böttchers in einem unmittelbaren Zusammenhang stehen.
Die genauen Details liegen jedoch im Dunkeln,
wie so vieles in der mecklenburgischen Geschichte.

Ortrud Beginnen / ‚Guck mal, schielt ja!‘

Ortrud Beginnen

‚Guck mal, schielt ja!'

Manuskripte aus dem Katastrophenkoffer

C. Bertelsmann Verlag

– Fotonachweis –

Bavaria, Gauting: S. 28; Harry Croner, Berlin: S. 168; Freudenhammer, Neumünster: S. 135; Nina von Jaanson, Berlin: S. 156; Alfred John, Ölsburg: S. 158; Landshuter Liedertafel, 1. Jg., 1. Tenor, Landshut 1846: S. 54/55; Frank Roland-Beeneken: S. 169; Staatsbibliothek Berlin, Preußischer Kulturbesitz, Bildarchiv: S. 72; Süddeutscher Verlag, München: S. 20, 57; Ullstein Bilderdienst, Berlin: S. 42, 94; Unser Mecklenburg, Bremen: S. 12, 13, 37
Alle anderen Abbildungen aus dem Archiv der Autorin

Vorsatz: Heinz Bogner

Gesamtherstellung: Mohndruck Reinhard Mohn OHG, Gütersloh
Printed in Germany · ISBN 3-570-02994-8

Inhaltsverzeichnis

Rudolph, the red-nosed Reindeer
Has a very shiny nose,
And if you ever saw it,
You would really say it glowes!

All of the other reindeer
Laughed at him and called him names!
They wouldn't let poor Rudolph
Play in any reindeer games!

Then one foggy Christmas Eve
Santa came to say,
»Rudolph with your nose so bright,
Won't you guide my sleigh tonight?«

Then all the reindeer loved him,
And they shouted out with glee,
»Rudolph, the red-nosed Reindeer,
You'll go down in history!«

Johnny Marks *

Dieses Buch muß auch gewidmet werden.
Daher ist es gewidmet
meinem höchstpersönlichen Weihnachtsmann,
der mir half,
meine Nachtblindheit zu bewältigen,
und mir beigebracht hat,
wie man im Wasser schwimmt.

1. Frieda

Die Tragödie der Musik in unserer Familie begann im Jahre 1904 mit Frieda. Frieda war die Tochter von Lina Duncker, und Frieda war Lina hinterlassen worden von einem gewissen Jacob Gusch, seines Zeichens Galanteriewarenhändler auf Reisen. Jacob Gusch zeugte Frieda ohne weitere Absichten, als er sich auf einer seiner Wanderungen in Lina Dunckers Heimatdorf Lübz in Mecklenburg aufhielt. Wahrscheinlich schenkte er Lina ein Samtband oder einen Spitzenkragen aus seinen Vorräten – wie anders sonst hätte sie so schnell ihre Mädchenehre verlieren können.

Nachdem nun also Linas grünes Kränzlein dahin war, wurde sie stellungslos und nicht minder brotlos. Sie und das Kind Frieda bekamen zunächst ein bescheidenes Unterkommen im Armenhaus von Schwerin. Dann aber fand Lina schließlich doch wieder eine Stellung. Sie wurde Kaltmamsell in der Kantine des 1. großherzoglich-mecklenburgischen Dragonerregiments Nr. 17, stationiert in Ludwigslust, ebenfalls Mecklenburg. Fräulein

Duncker und Tochter Frieda wurde dort eine Wohnküche zugewiesen, im rechten Seitenflügel der Kaserne. So wuchs das Kind Frieda unter gut-mecklenburgischen Bedingungen auf. Und alle Voraussetzungen für eine ehrbare Zukunft waren gegeben.
Es ließ sich auch alles recht gut an. Als Frieda sechzehn Jahre alt war, ging sie in Stellung bei Herrn Kommerzienrat Gerstow in Lübz. Allgemein sagte man daraufhin, Frieda habe doch Glück gehabt, in einem so reputierlichen Hause arbeiten zu dürfen. Man sagte allerdings auch, daß Frieda gefährdet sei. Erstens dadurch, daß so eine uneheliche Geburt ja letzten Endes abfärbt, und zweitens dadurch, daß Frieda ihr Haar mit siebzehn Jahren immer noch offen trug, nicht hochgesteckt, wie es üblich war. Man mußte sogar annehmen, sie täte dies aus Eitelkeit, denn es war nicht zu leugnen, daß Frieda sehr schönes Haar hatte. Wie Frieda überhaupt als anmutig galt, obwohl man von einer Dienstmagd eher erwartete, daß sie drall sei.
Auch Mutter Lina Duncker sah dies mit einem gewissen Argwohn. Sie selbst war nach wie vor in ihrer Stellung als Kaltmamsell verblieben, dies auch dank der Tatsache, daß sie ihren Fehltritt mit Jacob Gusch abbüßte, indem sie sich danach jeglicher Herrenbekanntschaften enthielt. Oft genug – so muß man zugeben – hatte sie auch Frieda gesagt, daß die eigentliche Erbsünde beim Manne liegt, beziehungsweise in jeglicher Verbindung mit einem solchen.

Lina hatte sich also weiß Gott keine Vorwürfe zu machen. Dennoch befiel sie immer wieder eine unerklärliche Unruhe darüber, Frieda ohne rechte Beobachtung im fernen Lübz zu wissen. Schließlich gelang es ihr, Frieda ebenfalls eine Position in der Kantine zu vermitteln, wo diese bald eine gewisse Karriere als fähigste Kartoffelschälerin machte. Und vor allem: Tochter Frieda war wieder unter Mutter Linas Aufsicht und Obhut. Wenn sie nur das Haar nicht weiterhin offen getragen hätte! So konnte es nicht ausbleiben, daß sie beim Überqueren des Kasernenhofes den dort exerzierenden Soldaten auffiel.

Frieda bemerkte und ignorierte dies. Sie hatte keinen Blick für die einfachen Dragoner, denn sie wollte höher hinaus. (Was man übrigens allgemein schon registriert und übel vermerkt hatte.) Jedenfalls – man weiß nicht, wie es dazu kommen konnte – Frieda wurde eines Tages mit zehn Eßgeschirren zum Musikcorpstrakt geschickt – und das war der Anfang vom Ende. Frieda war geblendet von den Künsten der Musiker, die ihrerseits auch in gewisser Weise von Lina geblendet waren. Durch Befehl von oben wurde angeordnet, daß von nun an Frieda – und nur Frieda allein – täglich den Musikern die Eßgeschirre zu bringen habe. Hier half kein Einspruch von Mutter Lina – das war schließlich ein Befehl. Und die unglückselige Frieda gehorchte nur zu gern, das muß man ihr nachsagen.

Gegen zwölf Uhr mittags wurde sie regelmäßig von

Das Musikcorps des 1. großherzoglich-mecklenburgischen Dragonerregiments Nr. 17 1902 vor Schloß Ludwigslust. Voran Stabstrompeter Musikmeister Joachim ...

Detailansicht der Kaserne zu Ludwigslust/Meckl. Man beachte die Bezeichnung Kanal-Kaserne; Kanäle spielen in diesem Buch – wie man sehen wird – eine entscheidende Rolle.

einer starken Unruhe ergriffen, denn dann war es bald Zeit für die Geschirre. Eines Tages kam sie eine halbe Stunde später als gewöhnlich vom Musikcorps zurück. Mutter Lina sah Frieda in die Augen, und diese schlug sie nieder. Es hatte sich also etwas angebahnt. Und nun wußte Mutter Lina, daß die Tragödie nicht mehr aufzuhalten war. Und so geschah es denn auch! Frieda gestand schließlich, daß es sich um den Musikmeister handelte, von dem sie wußte, daß er Joachim hieß und mit der Trompete dem Musikcorps vorausritt. Allerdings – so sagte Frieda – sei es gewiß, daß er sie heirate.

Frieda glaubte das übrigens wirklich! Lina niemals! – Musikmeister Joachim wohl auch nicht.

Allmählich wurde Frieda bleicher und bleicher, manchmal auch rot. Etwas war nicht in Ordnung mit Frieda. Sie lachte seltener, sprach wenig, aß wenig. Aber sie brachte immer noch den Musikern die Eßgeschirre in ihren Trakt.

Eines Tages sagte Frieda, sie wolle nach Lübz fahren, um dort ihre alte Herrschaft zu besuchen. Am nächsten Tag kam der Postwagen ohne Frieda nach Ludwigslust zurück, und am Abend kam ein Bote aus Lübz, der Mutter Lina bedauernd mitteilte, daß man Frieda aus dem Wasser gezogen habe. Sie hatte sich ertränkt aufgrund einer Schwangerschaft, die wohl eindeutig auf Joachim zurückzuführen war. Mutter Lina sagte kein Wort und ging zum Musikcorps, um deren Meister aufzusuchen, der gerade ein Trompetensolo übte. Es gab nur eine

kurze Aussprache zwischen Mutter Lina und ihm. Im Verlaufe dieser sagte Joachim zu Mutter Lina, er hätte schon aus Gründen der Familienehre niemals ein Mädchen heiraten können, das sein Kränzlein schon verloren habe. Und zweifellos war es doch wohl so – denn Frieda war schließlich schwanger gewesen.
Es wurde Frieda allerdings eine letzte Ehre zuteil. Auf ihrer Beerdigung spielte das gesamte Musikcorps:

»So nimm denn meine Hände und führe mich
bis an mein selig Ende und ewiglich!«

Musikmeister Joachim spielte das Trompetensolo, das Frieda am meisten geliebt hatte, und dabei sollen selbst ihm die Tränen gekommen sein. Ein Kamerad hielt eine Rede, wie sehr alle Frieda geschätzt hätten. Ein Pfarrer war allerdings nicht da, und Frieda wurde auch nur in einer entfernten Ecke des Friedhofs bestattet, denn sie war ja eine Selbstmörderin.
Hätte Joachim nicht so faszinierend die Trompete geblasen – Frieda wäre vielleicht viel erspart geblieben. So meinte jedenfalls immer meine Großmutter Hermine Minna Auguste. Sie war eine Cousine der unseligen Frieda, und fünfzehn Jahre später durfte sie auch noch den tragischen Tod von Mutter Lina Duncker miterleben. Aber das ist eine andere Geschichte.

2. Lina

Nachdem nun Frieda unter der Erde war, hielt Lina Duncker nichts mehr in der Kaserne von Ludwigslust. Verständlich...

Lina ging nach Hamburg und wurde zunächst einmal Haushälterin bei einem Landschaftsmaler namens Stelzner, der sich allerdings in der unglücklichen Lage befand, nahezu erblindet zu sein. Keine sehr günstige Situation, wenn man eine solche Profession ausübt.

Aber diese allmähliche Erblindung wirkte sich – wie sich schon bald zeigen sollte – im wahrsten Sinne des Wortes zu einem Lichtblick für Lina aus.

Lina Duncker war – außer Zweifel – eine wahrhaft ländliche Person geblieben (wenn sie auch schon etwas in den Jahren war). Ländlich insofern, als sie ihre recht bodenständige mecklenburgische Art beibehalten hatte – sozusagen immer noch ein bißchen Scholle unter den Fingernägeln und dazu eben auch jene Art altmodische Naivität, die ein Landschaftsmaler aus der Großstadt, wie Stelzner einer war, zu schätzen wußte.

Lina Duncker muß jedenfalls derart erfrischend auf ihn gewirkt haben, daß er – immerhin gute siebzig Jahre alt – noch ein sogenanntes Techtelmechtel mit ihr anfing, von dem man natürlich nicht genau weiß, wie weit es ging.
In jedem Fall, Stelzner, der Landschaftsmaler, hatte in Lina ein Modell gefunden, das sich willig nach seinen Vorstellungen formen und bilden ließ. So musizierte man beispielsweise an manchen Abenden gemeinsam. Das heißt, Stelzner tastete blind mit den Fingern auf dem Klavier herum, und Lina sang dazu, was Stelzner sie lehrte. Immerhin hatte sie wohl eine rasche musikalische Auffassungsgabe – dafür jedenfalls, daß sie mit fünfundvierzig Jahren zum erstenmal mit der Musik konfrontiert wurde, im praktizierenden Sinne.
Besonders schön und rein trug sie ein altes deutsches Volkslied vor, nämlich:

»Still wie die Nacht, tief wie das Meer
soll Deine Liebe sein.
Still wie die Nacht und tief wie das Meer
soll Deine Liebe sein,
soll Deine Liebe sein,
soll Deine Liebe sein.«

Es würde zu weit führen, an dieser Stelle den vollständigen Text aufzuführen. Abgesehen davon ist diese Weise auch nahezu allsonntäglich über die Rundfunk-

Tante Lina Duncker, rechts, und Frieda, Mitte, hinten stehend, um 1892 in einem Schweriner Fotoatelier.

anstalten zu hören, im Wunschkonzert für unsere lieben Angehörigen. Darüber hinaus habe ich es in meinen Liederabend »Letzte Rose« übernommen, schon aus dem Gefühl der moralisch-familiären Verpflichtung Lina Duncker gegenüber. Wie auch immer, das Lied endet jedenfalls, wie es anfängt... »soll Deine Liebe sein« (mit dreifacher Wiederholung dieses Bekenntnisses).
Was Lina allerdings nicht ahnen konnte, war, daß sie sich dadurch innerhalb der gediegenen Hamburger Verwandtschaft Stelzners im wahrsten Sinne des Wortes den bösen Ruf einer Erbschleicherin ersang. So war die Sache denn nicht mehr aufzuhalten.
Nachdem die Erblindung Stelzners sich von Woche zu Woche steigerte, nachdem eine bis in die Finger steigende Arthritis diesem auch das Pianospiel unmöglich machte, konnte die Familie endlich erleichtert feststellen, daß Stelzner nun allmählich senil werde und liebevolle Fürsorge brauche. Und ebendiese konnte ihm so recht nur aus dem Schoße der Familie zufließen.
So wurde Lina entfernt und sah sich unerwartet auf der Straße. Bedauerlich – gewiß. Gesagt werden muß aber auch, daß gerade Lina hätte wissen müssen (siehe Frieda), wohin Höhenflüge unweigerlich führen. Jedenfalls, wenn man aus derart kleinen Verhältnissen kommt, wie es bei Lina nun einmal der Fall war.
Linas Glück in der ganzen Angelegenheit war nur, daß Stelzners Verwandtschaft schon immer viel Sinn für die absonderlichen Ideen dieses einzigen Künstlers in der

Parade vor Kaiser Wilhelm II. im Tierpark Hagenbeck zu Hamburg nach 1910, unmittelbar nach dem Besuch der Bahnhofsgaststätten I. Klasse in Altona.

Familie gehabt hatte, und so wurde Lina keineswegs bestraft, sondern nur dorthin weitervermittelt, wohin sie ja von Anfang an gehört hätte. Sie wurde wieder Kaltmamsell – diesmal in den Bahnhofsgaststätten Hamburg-Altona.

An dieser Stelle muß ich die Bemerkung einschieben, daß es heutzutage nichts Erschreckenderes gibt als deutsche Bahnhofsgaststätten. Es ist auch sinnlos, optimistisch einen Unterschied zwischen den jeweiligen Gaststätten I. und II. Klasse zu machen. Da kann jeder aus eigener Erfahrung sprechen.

Aber zurück zur Bahnhofsgaststätte Hamburg-Altona um 1910. Diese Gaststätten waren wirklich das Feinste vom Feinen, und sooft kamen damals zum Glück keine Züge, als daß man die Gäste so einfach hätte abfertigen können. Alljährlich um Neujahr herum – kam sogar der Kaiser, entstieg samt Gefolge seinem Salonwagen – Blumen von anmutigen Kindern wurden überreicht –, und schließlich setzte man sich zum großen Essen in den Bahnhofsgaststätten in Bewegung.

Lina Duncker war ja nur ein kleines Licht unter all denen, die da in der Küche von Hamburg-Altona Kreatives für seine Majestät kochten und brieten. Aber auch sie war wichtig innerhalb einer großen Sache. Soviel jedenfalls ist sicher: Einige Male hatte Lina den Kaiser in seinem Salonwagen kommen und abfahren sehen, und einige Male hatte sie eigens für ihn Verzierungen auf Torten und russischen Eiern angebracht.

Diese Tatsache allein hätte genügen müssen, Lina so weit den Rücken zu stärken, daß sie infolgedessen zu allem Kriminellen unfähig gewesen wäre. Aber es muß urplötzlich eine Art Anarchie in Lina ausgebrochen sein – so vermutete jedenfalls zeitlebens meine Großmutter Hermine Minna Auguste. Und dieses Anarchistische in Lina Duncker machte Lina plötzlich haltlos. Wie anders ist es zu erklären, daß sie Anfang Januar 1919 gegen 22 Uhr 30 beim Verlassen ihres Arbeitsplatzes dabei ertappt wurde, wie sie ein halbes Pfund Butter unerlaubt und ganz privat mit nach Hause nehmen wollte?

Daß Lina immer wieder betonte, nicht böse Absicht sei es gewesen, nur eben – der Arbeitslohn sei niedrig, die Kost recht schmal, und der Krieg habe allerhand Verwirrung in ihr gestiftet – all dies konnte ihre klarsichtigen Arbeitgeber nicht darüber hinwegtäuschen, daß eine Kriminelle nicht in die Altonaer Bahnhofsgaststätten gehörte. Anzeige wurde ordnungsgemäß erstattet gegen Lina Duncker, und zum zweiten Mal (nach Jacob Gusch) verlor Lina ihre Ehre.

An dem Tag aber, als sie in der Strafsache Bahnhofsgaststätten Hamburg-Altona gegen Lina Duncker auf das Polizeirevier kommen sollte, machte sie einen kleinen Umweg und sprang in den Isebek-Kanal. Und Großmutter Hermine Minna Auguste meinte abschließend immer dazu:

»Und weißt du, die haben Lina fast an derselben Stelle gefunden, wo sie ein paar Tage später diese Rosa Luxemburg 'rausgeholt haben. Man gut«, pflegte sie hinzuzufügen, »daß Lina das mit der Rosa nicht mehr erfahren hat. Sie hätte sich im Grabe 'rumgedreht *.«

* Hermine hat niemals davon Abstand nehmen wollen, daß es sich im Falle der Rosa Luxemburg nicht um den Isebek-Kanal in Hamburg handelte, sondern um den Landwehrkanal in Berlin. »Wieso?« sagte sie, »diese Rosa Luxemburg war auch nichts Besseres als unsere Lina. Und Kanal bleibt Kanal – das ist ja das Unglück!«

3. Auguste Viktoria

Auguste Viktoria Cäcilie Böttcher war eine Leichtlebige. Selbst meiner nun schon sooft zitierten Großmutter Hermine schauderte es immer noch ein bißchen, wenn sie diesen Namen aussprach, obwohl es sich immerhin um ihre eigene Mutter handelte. Gefehlt hatten ja alle in dieser Familie und auch des öfteren (siehe Frieda/ Lina), aber sie hatten bereut, tief bereut und gewußt, was sie zu tun hatten.

Es fing damit an, daß Auguste Viktoria mit achtzehn Jahren schwanger wurde – das heißt, sie ging damals mit Hermine.

Nun hätte eine weitere uneheliche Schwangerschaft der allgemeinen Familienehre an sich weiter keinen Abbruch getan *, aber Auguste wußte nicht, was und wie sie zu

* Wir Duncker-Böttcher-Beginnen sind alle unehelich – bis auf eine Ausnahme, auf die ich noch zurückkomme!

bereuen hatte. Auguste bereute nämlich überhaupt nicht.
Zeitlebens – so glaube ich – litt Hermine wohl unter der Tatsache, daß, moralisch gesehen, mit ihrer Mutter nicht alles in Ordnung war. Soviel steht fest: Als Auguste sich schwanger fühlte, ging sie mit dieser Botschaft zu ihrer Mutter Clara Böttcher, sagte ihr das frech ins Gesicht (man stelle sich vor!) und behauptete, der Dienstherr habe sich in der Vorweihnachtszeit in der Küche über sie »hergemacht« (woher hatte sie bloß diesen Ausdruck ...?), sie sei mit dem Ausstechen der Zimtsterne beschäftigt gewesen, der ewige Zimtgeruch habe sie allerdings schon seit Tagen etwas bewußtlos gemacht, und so sei sie nicht mehr fähig gewesen, gewissen Situationen entsprechend kritisch gegenüberzustehen. Um nicht einzuschlafen, habe sie so vor sich hingesungen, und gerade, als sie bei der dritten Strophe von »Ein feste Burg ist unser Gott« gewesen, sei der Dienstherr reingekommen, habe zu ihr gesagt – und dabei soll er hämisch gelächelt haben: »Auguste, sing lieber ›Ihr Kinderlein kommet‹«, und dann sei es passiert. Und weiterhin sagte Auguste: »Der Kerl (!) hat meine Lage einfach ausgenutzt ...«
So eine Bemerkung unsittlichster Art war noch nie (und ist meines Wissens auch nie mehr) gefallen in dieser Hierarchie von Dienenden. Diese Schwangerschaft, wie gesagt, das hätte man noch hingehen lassen können, aber den Dienstherrn als einen Kerl zu bezeichnen, wo er doch so oder so in jedem Falle der gnädige Herr blieb –

zu beurteilen (!), er habe eine *Lage* »ausgenutzt«, das ging zu weit. Dadurch stand sie in den Augen ihrer geängstigten Mutter Clara bereits mit einem Bein im Gefängnis. Und so fiel denn auch das schlimme Wort:
»Auguste ist nicht mehr meine Tochter.«
Der Pfarrer redete in den bewegtesten Worten auf Auguste ein – sie blieb verstockt, bereute nicht und schob alles auf den gnädigen Herrn. Und sie sagte das so laut und so oft, daß man anfing, öffentlich über den Vater des zu erwartenden Kindes zu reden, so lange, bis die gnädige Frau von der Sache erfuhr, beziehungsweise sie diese nicht mehr überhören konnte. Sie rief denn auch Auguste zu sich und bat sie, nicht derart Unsinniges über ihren Brotherrn zu verbreiten.
»Auguste«, so sagte die gnädige Frau, »ich weiß, du bist immer ein eigenartiges phantasievolles Kind gewesen, ich weiß auch nicht, woher du das hast. Aber wir haben dich trotzdem in Dienst genommen, wir waren nicht voreingenommen, vergiß das nicht. Aber jetzt bringst du es noch so weit, daß ich böse werde mit dir.«
Auguste hörte nicht. Sie fuhr fort, den guten Ruf des gnädigen Herrn zu schädigen. Sogar ihre Mutter Clara Böttcher versuchte mehrfach, sich bei Augustes Herrschaft zu entschuldigen – vergebens. So war Auguste nun wirklich eine Gezeichnete, eine, der man nicht mehr helfen konnte.
Trotzdem – irgendwie kam die zähe Auguste nach Berlin und fand Aufnahme im Heim für gefallene Mäd-

chen, das von einem wohltätigen Fräulein von Zydowitz geleitet wurde. Es muß ihr dort aber nicht sehr gefallen haben, denn als Hermine Minna Auguste erst mal geboren war, nahm sie den Säugling kurz entschlossen unter den Arm, schlug sich durch in die mecklenburgische Heimat und legte das Bündel Hermine der ehemaligen Herrschaft nach alter guter Sitte vor die Haustür. Von dort brachte es allerdings eine Dienstmagd per sofort zurück zu Großmutter Clara.
Diese war wenig erfreut, aber wie hätte sie es denn zurückweisen können, wenn es doch von Augustes ehemaliger Herrschaft geschickt worden war? So beschloß Clara Böttcher, das Kind Hermine aufzuziehen, aber dann wenigstens unter strenger Zucht. Daraus wird dann die Geschichte von Hermine Minna Auguste.
Aber zurück zu Auguste, der Leichtlebigen … Sie hatte nichts aus der Sache gelernt, sie war und blieb oberflächlich. Nachdem sie nun Hermine abgelegt hatte, war sie nach Berlin zurückgefahren und hatte – man weiß nicht, wie – ein Instrument erlernt. Dieses »ein Instrument erlernt« wurde von Hermine noch bis zu ihrem Tode mit äußerster Überwindung ausgesprochen, so, als handele es sich um eine äußerste Unanständigkeit, etwa wie zum Beispiel das Wort Geburtszange. Kurz und gut – Auguste blies die Trompete – warum schließlich darum herumreden. Es ist nie herausgekommen, wo sie das lernte: durch Eigeninitiative oder ob jemand dahintersteckte.

Im Kroll-Garten, Berlin; Foto nach 1920.

Auguste blies tatsächlich nicht schlecht – sie blies wirklich außerordentlich professionell, und das besonders in einem Berliner Unternehmen für zwanglose Geselligkeit jeglicher Art, dem Kroll-Garten. Aber selbst für dor-

tige Verhältnisse war es ungewöhnlich, daß eine Auguste die Trompete blies.
Augustes Unbefangenheit auf der Trompete* legte schließlich auch den Grundstein zu ihrer persönlichen Karriere. Einer ihrer größten Auftritte war: »Königin Luise trifft Napoleon an der Memel-Mündung – Lebendes Bild von drei Minuten«, in dem sich Königin Luise und Napoleon stumm in die Augen blicken und Schicksalhaftes zu formulieren suchen. Dann trat im Hintergrund Auguste auf, als Page in eine kurze römische Toga gekleidet, und blies kurz und kräftig die Melodie:

»Wachet auf! wachet auf! Es krähet der Hahn,
die Sonne betritt ihre goldene Bahn.«

Und Auguste wurde geschehen, was sie selbst wohl für fast unmöglich gehalten hatte. Ein pensionierter Oberst, so trivial das nun auch klingen mag, kam zunächst der Trompete wegen – ein Ton, der ihm schon immer lieblich erschienen war. Eines Tages sah er Auguste hinter der Trompete oder vielmehr – er nahm sie irgendwie wahr, und in nicht ganz nüchternem Zustand bat er Auguste, ihn nach Hause zu begleiten und ihm in allen

* ist immerhin erstaunlich, denn durch Trompeten war noch nie etwas Gutes über die Frauen der Familie gekommen, siehe Frieda.

Ehren dieses Solo noch einmal privat zu blasen. Auguste sah darin eine echte militärische Aufgabe, folgte dem Major unbesehen und blieb gleich da.

Noch vier Jahre lang verlangte der Oberst jeden Abend nach seinem Solo, ohne das er nicht schlafen konnte. Um sieben Uhr abends schlüpfte (man sagte damals »schlüpfte«), also Auguste schlüpfte in ihr Nachtgewand und wartete auf das Kommando, das pünktlich 19 Uhr 15 kam. Der Oberst rief donnernd:

»Auguste, tritt an!«

Daraufhin trat Auguste an, blies kurz und kräftig: »Wachet auf, wachet auf, es krähet der Hahn…« und meistens nicht sehr viel weiter, denn für gewöhnlich war der Oberst nach dem zweiten »Wachet auf…« schon weggedämmert.

Diesen guten Schlaf wußte ihr der Oberst wohl zu danken, denn nachdem ihn sein oberster Kriegsherr für immer abberufen hatte, eröffnete man Auguste, daß sie immerhin sein restliches, wenn auch kleines Vermögen geerbt hatte, und andere Erben gab es nicht, denn der Oberst sei ein Weiberfeind gewesen, hieß es.

Zu alledem pflegte Hermine abschließend zu sagen – sie hatte ja nie viel von ihrer Mutter gehalten: »Was Auguste, meine Mutter, betrifft, da kann ich nur sagen: ›Den Seinen gibt's der Herr im Schlaf‹«, und dabei hatte sie eine ganz ironische Unterlippe, obwohl ihr sonst jede Ironie, weiß Gott, fremd war.

Nur einmal hat sie erwähnt, daß es danach mit Auguste,

der Leichtlebigen, noch immer kein Ende hatte. Diese nahm ihr bescheidenes Vermögen und warf es einem fünfundzwanzig Jahre jüngeren Schneidergehilfen namens Alfred in den Rachen – er soll aber eine sehr schöne Haartolle gehabt haben und was weiß ich noch. Sie kaufte ihm ein Atelier, und später arbeitete Alfred in Berlin für die allererste Kundschaft, was er Auguste nie vergaß. Allerdings starb er – mit fünfunddreißig Jahren – wesentlich früher als Auguste, die siebenundachtzig Jahre alt wurde.

Woran Alfred starb, wurde nie geklärt – jedenfalls nur soviel: Augustes Ansichten über gewisse Formen der Moral wurden wohl allmählich strenger, und Alfred hatte darunter zu leiden.

»Er war ja auch nur ein Hänfling, wie alle Schneider damals, und er hätte«, so meinte Hermine, »nicht soviel mit anderen Weibern 'rummachen sollen – das blies ihm das Lebenslicht aus.«

Auguste nannte seinen Namen nie wieder, nur vom Oberst sprach sie mit Respekt.

»Alfred«, so sagte sie, »war vielleicht musikalischer, aber er hatte keine Seele. Schneider bleibt Schneider, und es ist schade um keinen von ihnen.«

4. Clara, genannt Moses

Wenn Auguste Viktoria Cäcilie eine Leichtlebige gewesen war, so war ihre schon erwähnte Mutter Clara eine Strenge. Bewiesen ist schon mal, daß sie es nach sechs Monaten unehelicher Schwangerschaft tatsächlich fertigbrachte, von dem Vater des Kindes – dem Kunstschmied Wilhelm Böttcher – in allen Ehren geheiratet zu werden. Darauf tat sie sich natürlich etwas zugute, und das ließ sie auch alle fühlen, die nach ihr kamen: Lina, Frieda, Auguste und später Hermine. Hermine übrigens versuchte mich im Sinne ihrer Großmutter Clara aufzuziehen, die dadurch auch ständig drohend über mir hing.

Clara war eine gottesfürchtige Frau und pflegte jede Diskussion abzuschneiden mit den Worten:

»Unser Herrgott hat es nicht anders gewollt!«

Sie bestellte ihr Haus ordentlich und trat mit einer täglichen fünfstündigen Reinigungsaktion den Beweis an, daß auch einfache Leute so sauber wie Herrschaften sein können. Das war ihr Grundprinzip: Mit der Sauberkeit fängt alles an, was man außen nicht hat, hat man auch nicht innen, oder: außen hui, innen pfui! Bereits als Hermine vier Jahre alt war, mußte sie aufgrund des starken Reinlichkeitsdranges ihrer Großmutter Clara das machen, was man heute wohl einen Fliesentest nennen würde. Hermine leckte mit herausgestreckter Zunge nach dem Säubern der Küche einmal kräftig über den Fußboden, und wenn die Zunge belegt war, schrubbte Clara wieder von vorn los, so lange, bis Hermines Zunge sauber blieb – das war der Test. Und so ging es dann weiter durch zwei weitere Räumlichkeiten. Hermine ist allerdings nie auf die Idee gekommen, späterhin davon zu sprechen, daß sie zuviel Dreck hätte fressen müssen – im Gegenteil, sie hat ihre Großmutter immer tief bewundert und ihr bis ins hohe Alter hinein eine infantile Zuneigung bewahrt. (Hermine wurde immerhin dreiundneunzig Jahre alt.)

Seltsamerweise sprach Hermine nie von Wilhelm Böttcher, der doch ein ehrbarer Mensch gewesen sein muß, weil er Clara so ohne weiteres geheiratet hatte. Hermine erzählte nur, Wilhelm sei ein Stiller gewesen, mehr Künstler in gewisser Weise. Vierzig Jahre lang arbeitete er an seinem Meisterwerk – einem Adler, in Eisen gegossen. Eine Handarbeit, die noch bis zum Anfang des Zweiten Weltkrieges im Herzoglichen Museum in Schwerin zu besichtigen war. Dann wurde sie für Kriegszwecke eingeschmolzen, und niemand hörte jemals wieder von Wilhelm Böttchers Adler.

Aber ob nun Wilhelm Böttcher dieses Meisterwerk hinterlassen hat oder nicht, im nachhinein wirkt er – der Stille – denn doch ein bißchen blaß, sozusagen stark angeheiratet, wenn man bedenkt, welch stolze Frauenschicksale es in dieser Familie gab. Da macht ja so ein Adler auch nicht mehr besonders viel her. Schon deswegen verlassen wir Wilhelm Böttcher jetzt wieder. (Das halten wir auch weiter so mit den Männern in dieser Dynastie unfreiwilliger Amazonen.)

Also zurück zu Clara. Bisher wurde Clara als eine Art gottesfürchtiger Putzteufel hingestellt – das war sie natürlich auch, aber man muß bedenken: Einfach war es für Clara nie gewesen. Von Anfang an nicht. Schon ihre Herkunft war – gelinde gesagt – umstritten, und damit ist noch wenig angedeutet.

Im Frühjahr 1829 sammelte die Magd Alma Ritter aus Lübz/Mecklenburg im nahegelegenen Wäldchen Pilze – und wahrscheinlich auch Reisig (weil beides immer irgendwie zusammengehört). Plötzlich hörte sie wie von ungefähr vom nahen Teich ein leises Wimmern (man nennt es in jedem Fall »Wimmern«). Diesem Wimmern ging sie nach und fand – man denke: im Schilf! – einen wenige Tage alten Säugling, der kräftig schrie und weiblichen Geschlechtes war. Wahrscheinlich war er wegen der niedrigen Apriltemperaturen schon etwas blau angelaufen.

Auch Alma Ritter schrie vor Überraschung laut auf und rannte mit dem Säugling ins Dorf, wo sich sofort auf dem Marktplatz eine große Ansammlung einfand. Der Findling erhielt spontan den Namen Moses, weil dieser Alttestamentarier ebenfalls als Säugling im Schilf gefunden worden war. Dabei dachte wohl niemand daran, welch ein persönliches Unglück man diesem armen Wesen durch diese Namensgebung für spätere Zeiten zufügte.

Alma Ritter, deren Nachnamen das Kind auch trug, gab ihm in der Taufe den Namen Clara, aber niemals setzte sich dieser schöne schlichte Name ganz durch. Clara Ritter hieß im Lübzer Volksmund nach wie vor Moses Ritter, und das war für mecklenburgische Verhältnisse um 1830 reichlich ungewöhnlich.

Andererseits – Claras dunkle Herkunft machte diese nicht uninteressant. Man sprach einerseits von einer Nonne, die es mit einem Küster gehabt habe – andererseits, wie sollte die Nonne zum Lübzer Teich gekommen sein, die ganze Gegend war ja durchweg protestantisch. Wieder andere wollten genau wissen, daß einer gewissen Gräfin zu Reventlow das Neugeborene lästig war, aus welchen Gründen auch immer, und diese Gründe sollten und durften geheimnisvoll bleiben, anders wollten es die Lübzer gar nicht. Jedenfalls – daß auch der Herzog von Schwerin irgendwie mit in der Sache drinsteckte, wurde keineswegs ausgeschlossen. Möglich ist natürlich auch, daß die Magd Alma Ritter eine Schwangerschaft geschickt monatelang verborgen hatte, eines Tages angeblich zum Pilze- und Reisigsammeln ging,

Blick auf die Elde bei Lübz/Meckl., wo sich Frieda 1904 ertränkte.

Ein Gruß aus Mecklenburg.

wie von ungefähr ein Kind gebar, sich selbst suggerierte, sie habe es im Schilf gefunden, und mit dieser Benachrichtigung ins Dorf rannte.

Einerseits spricht es ja sehr für Alma Ritter, daß sie den Moses adoptierte, taufen ließ und aufzog. Andererseits machte es sie aber auch verdächtig. Alma hatte selbst nur das Notwendigste, und wie kam es nur, daß sie bereit war, so spontan einen ihr fremden Säugling durchzufüttern? Aber ich möchte Alma Ritter nicht nachträglich irgendwas am Zeuge flicken.

Klar wird, daß Clara irgendwie aus sehr exotischen Verhältnissen kam – allerdings ohne dies späterhin jemals zu akzeptieren. Clara Böttcher hatte zeitlebens nur den einen Wunsch: nämlich als bürgerlich zu gelten. Und danach lebte sie. Die Kirche und unser Herrgott waren ihr »ein feste Burg«, und so gab sie es auch an Hermine weiter, die diese feste Burg nie verließ, den Herrgott stets auf den Lippen.

Mit den Jahren wurde Clara Böttcher mehr und mehr von einer heimtückischen Krankheit heimgesucht – sie hustete, spuckte Blut und wurde bettlägerig. Man nannte das Schwindsucht, und es war damals kaum ein Kraut dagegen gewachsen. Aber das war es nicht, woran Clara Böttcher schließlich starb – obwohl es sicher ein schöner, poetischer Tod gewesen wäre. Clara Böttcher liebte es eben von jeher simpel. So viel und so oft in ihrem Leben war sie auf den Knien herumgerutscht – das hatte ihren Beinen auf die Dauer nicht gutgetan. Die

Adern wurden krank. Heute würde man sagen: Clara hatte eine Thrombose. Trotzdem, sie hatte keine Ruhe in ihrem Bett. Sie dachte an den Fußboden, der ungescheuert blieb, nun schon seit Tagen, heftiges Herzklopfen bemächtigte sich ihrer – kurz, Clara Böttcher stand auf, ging in die Küche, mischte einen Eimer voll wunderbarer Seifenlauge, und dann passierte es – Claras kranke Beinadern platzten, explodierten …

Als Hermine, die Enkelin, nach Hause kam, fand sie ihre Großmutter in ihrem Blute liegend und in der Lauge. Bei der Beerdigung folgte die Bevölkerung von ganz Lübz, schon weil Clara Böttcher so eine saubere Frau gewesen und sauber gestorben war, ein Vorbild für viele. Und der Pfarrer sagte anschließend zu Hermine: »Fräulein Böttcher, der Segen Ihrer Großmutter wird immer mit und über Ihnen sein. Vergessen Sie nie, die Herkunft macht es nicht, man kann auch so anständig bleiben.«

Übrigens fällt mir beim Durchlesen dieses Kapitels über Clara Böttcher auf, daß sie nie auch nur das geringste mit Musik zu tun hatte. Das muß manches von ihr ferngehalten haben. Aber Clara war eine Ausnahme, so blieb es jedenfalls nicht.

5. Hermine Minna Auguste

Das Kapitel Hermine ist vorläufig das letzte, in dem ich auf die tatkräftigen Frauen unserer Familie eingehe. Hierauf folgt dann erst einmal – natürlich in sehr kurzen Beschreibungen, denn viel gibt es da nicht zu erzählen – die eine oder andere Abhandlung über die beteiligten Männer innerhalb dieses Clans.
Also ... Hermine. Ich muß versuchen, objektiv zu bleiben, denn Hermine versuchte schließlich, mich aufzuziehen, was sicher nicht immer leicht für sie gewesen ist.
Wie Clara Böttcher durch ihre Tochter Auguste zu Hermine kam, ist inzwischen bekannt. Zunächst einmal machte natürlich schon die Tatsache, daß Hermine das Kind von Auguste, der Leichtlebigen, war, das Kind Hermine etwas suspekt. Diesen Eindruck von Grund und Jugend auf auszulöschen, war Clara Böttcher redlich bemüht. Hermines korrekt geflochtene Zöpfe waren die strammsten in ganz Lübz, wenn sie auch durch den ständigen starken Druck andauernd Kopfschmerzen hatte. Jeden Morgen um sieben Uhr war Hermine die

erste in der Kirche und tat erst einmal Abbitte für die Sünden ihrer Mutter Auguste, so wie Clara Böttcher es ihr befohlen hatte. Zweimal die Woche ging sie in die Schule, und obwohl Clara Böttcher von Wilhelm gut versorgt wurde und das Schulgeld da war, war Clara der Meinung, daß zuviel Schulwissen nur Verwirrung stifte. Ein bißchen Lesen und Schreiben konnte nicht schaden. Aber darüber hinaus ...

Anlagen zu einer mecklenburgischen Madame Bovary wurden dadurch in Hermine zum Glück nicht freigelegt. Nur einmal muckte sie auf. Im schönen Lübz gab es einmal im Jahr einen Tag, auf den sich alle Lübzer schon zwölf Monate im voraus konzentrierten: das war das Vagelschieten, hochdeutsch ausgedrückt Vogelschießen. Alt und jung, die gesamte Lübzer Einwohnerschaft machte sich Anfang Mai auf ins nahe Gehölz, um durch einen guten Blattschuß Lübzer König oder Königin für ein Jahr zu werden.

Das Vagelschieten war alte und wichtige Tradition in Lübz, und ich muß nicht erwähnen, daß es allerdings nie eine Königin in den Familien Böttcher/Duncker gegeben hatte. Dies erstmals zu erreichen war, in gewisser Weise mit Claras Unterstützung, Hermines höchstes Ziel. Aber man stelle sich vor: die Tochter von Auguste, der Leichtlebigen, Königin von Lübz ... war das nicht der Anfang der Anarchie? Soweit dachte aber selbst Clara nicht, ganz abgesehen mal von Hermine in ihrer besinnungslosen Ruhmsucht.

Aufmarsch zum Vogelschießen während des Schützenfestes in Grabow/Meckl. 1896.

Es näherte sich wieder einmal der große Tag. Hermines Zöpfe standen wasserstramm wie immer um ihren Kopf, und entschlossen wanderte sie mit Clara ins Gehölz, griff sich den Schießbolzen, drückte ab und traf. – Sie traf am besten ...
Glückwünsche wurden ausgesprochen, es wurde nach der Kutsche gerufen für die Königin und die Königin-Mutter ... aber es kam keine Kutsche. Es kam Hermines Lehrer, ein ehrbarer Mann, und sagte, er habe nichts gegen Hermine, aber irgendwo sei denn doch das Maß voll. Schon genug Zuvorkommenheit, daß Hermine überhaupt mitmachen durfte. Schon genug, daß niemand über ihren Blattschuß direkt böse sei, aber es ginge denn doch zu weit, daß eine Uneheliche – von Auguste, der Leichtlebigen, wurde gar nicht erst gesprochen –, daß also eine Uneheliche Königin von Lübz würde. Wenn das erst einmal anfinge, wisse man wirklich nicht mehr, wo denn noch moralische Wertmaßstäbe zu setzen seien. Und so wurde schließlich Linchen Völker, Tochter des Bäckermeisters, die den zweitbesten Schuß getan hatte, Lübzer Königin. Linchen war ein Kind ohne stramme Zöpfe, hatte einen leichten Kropf, und Hermine sagte immer, daß die Krone ihr gar nicht gepaßt habe, weil sie außerdem noch einen Wasserkopf gehabt habe. Aber wer will da Dichtung und Wahrheit noch überprüfen?
Ein Leben lang beeinflußte dieses schreckliche Erlebnis Hermines Psyche: Blattschuß und doch nicht Königin – aufgrund früherer Umstände und Verhältnisse nur

Zweite. Von diesem ihr zugefügten schweren Unrecht konnte sich Hermine auch späterhin nie frei machen. Nach Clara Böttchers Meinung aber war die ganze Sache moralisch in Ordnung.
»Gott hat es so gewollt«, sagte sie, »er wird's schon wissen. Hermine hätte ja zu übermütig werden können.«
Es kam nun die Zeit der Konfirmation für Hermine und also auch die Zeit, in Dienst zu gehen. Mit fünfzehn Jahren trat Hermine also an als Dienstmädchen bei Frau Bürgermeister in Lübz. Frau Bürgermeister kannte natürlich Hermines Familiengeschichte und paßte genau auf, daß das gute Mädchen nicht auf schlechte Gedanken kam. Und dies vermied man am besten durch Arbeit und nochmals Arbeit. Um fünf Uhr morgens war die Nacht zu Ende für Hermine Böttcher. Dann polterte Emma, die Köchin, gegen die Tür und sang Hermine eine kurze Morgenandacht, und das hörte sich dann so an:

»De Scheeper hett all fleut,
de Betglock hett al stoett,
all de luetten Kinner lopen uf die Straat,
und du fulet Aas liechst noch in Bett.«

Ungefähr übersetzt:

»Der Schäfer hat schon geflötet,
die Morgenglocke schon geläutet,

all die kleinen Kinder sind auf der Straße,
nur du faules Aas liegst noch im Bett.«

Die Köchin Emma hatte überhaupt eine Aversion gegen die junge Hermine. Alles machte Hermine falsch.

»Die hat unruhiges Blut«, sagte Emma zu Frau Bürgermeister, »die muß gelenkt werden. Manchmal guckt sie mich an, als wenn sie mich abstechen will.«

Vielleicht wollte Hermine unbewußt auch manchmal zustechen, aber sie wäre letzten Endes nie soweit gegangen. So wie ich Hermine kenne, ist das ganz und gar ausgeschlossen. Wie auch immer, mit der Bemerkung über Hermines unruhiges Blut hatte Emma bei Frau Bürgermeister einen Keim gesetzt – diese war beunruhigt. Sie fing an, Hermine schärfer zu beobachten, ertappte sie auch bei Unkorrcktheiten, die ihr zu denken gaben: Vom Fußboden konnte man nicht essen, innerhalb einer Woche zerbrachen zwei Teller durch Hermines Ungeschicklichkeit. Kurz, der Haushalt von Frau Bürgermeister litt eindeutig unter Hermine.

Nun hatte Frau Bürgermeister eine Leidenschaft: Sie spielte gern und oft auf dem Harmonium, denn sie war ein sensibler, musischer Mensch. Emma, die Köchin, hatte wiederum einen Hang zur Pädagogik, wenn auch auf eine etwas rauhe Art und Weise. Nachdem sich nun Hermines fehlerhaftes Betragen nicht geben wollte, führte Emma Hermine eines Nachmittags in das Musikzimmer. Dort wurde sie von Frau Bürgermeister emp-

fangen, die sofort den Choral »Nun danket alle Gott« anstimmte. Emma griff zu einem bereitstehenden Rohrstock und begann Hermine nach Leibeskräften zu verprügeln – und Kräfte hatte sie ja. Je lauter Hermine schrie, desto lauter spielte und trat Frau Bürgermeister das Harmonium, denn niemand sollte glauben, sie sei nicht gut zu ihren Mägden. Auch dies geschah nur zu Hermines Bestem. Wenn Emma endlich den Eindruck hatte, nun sei Hermine genug geholfen, gab sie Hermine einen Stoß und sagte:
»Bedank dich.«
Dann war es an Hermine, aus tiefer Brust zum Abschluß dieser Zeremonie zu singen:

»Nun danket alle Gott, mit Herzen,
Mund und Händen,
der große Dinge tut, an uns und allen Enden,
der uns von Mutterleib und Kindesbeinen an
unzählig viel zu gut und noch jetztund getan.«

Manchmal berichtete sie ihrer Großmutter Clara von diesen Erlebnissen, aber Clara blieb dabei:
»Was unser Herrgott und Frau Bürgermeister richtig finden, das ist wohlgetan.«
Nun gab es aber noch Auguste, die leichtlebige Mutter, in Hermines Leben. Das wußte Hermine nur nicht, beziehungsweise hatte sie es im Laufe der Zeit zwangsläufig vergessen. Eines Tages aber – Hermine hatte an-

läßlich ihres achtzehnten Geburtstages gerade wieder ein frommes Lied singen dürfen – ging ein Gerücht um in Lübz: Auguste Böttcher ist mit der Postkutsche gekommen.

Tatsächlich stimmte es. Augustes Oberst war ja nun tot, der Schneider Alfred mit der kühnen Haarlocke hatte auch irgendwie das Zeitliche gesegnet – jetzt jedenfalls besann sich Auguste auf Hermine, die Tochter im fernen Lübz. Und so stand sie eines Tages pelzumrauscht in der Küche von Frau Bürgermeister und sagte schlicht:

»Ich bin es, Hermine, Auguste Böttcher, deine liebe Mutter. Was sagst du nun?«

Hermine sagte nichts, sie war sprachlos. Diese große Dame im Pelz mit diesen unwahrscheinlich gelben Lokken sollte ihre Mutter sein? Diese wunderschöne Frau, sogar viel schöner als Frau Bürgermeister? Aber das Wunder nahm noch kein Ende. Auguste nahm ihre Tochter, ging mit ihr zu Clara Böttcher und warf ihr die folgenden schlimmen Worte an den Kopf:

»Du hast meine Tochter zu einer Dienstmagd gemacht, ich werde retten, was noch zu retten ist. Leb wohl, Clara, wir nehmen die nächste Postkutsche nach Hamburg.«

Und so kam Hermine in die große Stadt.

Zuerst war Auguste in ihrer neuen Rolle als Mutter noch recht glücklich. Dann aber ging Hermine ihr wohl auf die Nerven. Denn Hermine hatte so gar nichts Leichtes an sich. Sie besuchte täglich zweimal die Kirche, betete

vor jedem Essen (was Auguste direkt unappetitlich fand), gedachte mehrmals täglich ihrer Großmutter Clara, die sowieso alles besser wußte als die leichtlebige Auguste.
Also – dachte Auguste – diese Hermine hat wohl doch eine Dienstmädchennatur. Dann soll sie auch dahin gehen, wohin sie gehört: in Stellung. Es fand sich auch bald etwas Günstiges bei einem Ehepaar namens Koch, das ein Mädchen für alles suchte, auch für alle elf Kinder. Dies schien eine Position zu sein, in der Hermine sich von morgens bis abends ausgefüllt fühlen konnte. Und so trat sie ihren neuen Dienst bei Frau Koch an.
Frau Koch war sicherlich etwas nervös in ihrer ganzen Art, aber dafür hatte sie keine unglückliche Liebe zur Musik. Andererseits regte Frau Koch Hermine zu ersten literarischen Versuchen an, wovon sich der erste direkt auf diese bezog und in etwa lautete:

»Hin und her schwing ich den Besen.
Ist denn das schon dagewesen?
Denn mit Frau Koch
ist's doch ein schweres Joch.«

Immerhin – so gesehen schien diese Arbeitsstelle doch nicht unfruchtbar für Hermine. Nur daß die elf Kinder des Ehepaars Koch etwas unruhig, manchmal sogar bösartig waren. So muß man es wohl nennen. Denn als Hermine eines Morgens aufwachte, hatten die lieben

Hermine, rechts, mit einer Freundin 1956 bei Gadeland/ Schleswig-Holstein. Sie wurde 93 Jahre alt. Ein Foto aus jüngeren Jahren existiert leider nicht mehr.

Kinder ihr beide Zöpfe abgeschnitten. Aus reinem Übermut! So trug Hermine schon um 1900 einen der ersten Bubiköpfe Hamburgs. Was sie übrigens keineswegs freute. Ein Glück war nur, daß sich beide Zöpfe schließlich in einer Spielecke der Kinder wiederfanden. Hermine nahm sie, schloß sie in einem Kästchen ein und trug sie seitdem ständig bei sich. Als untrüglichen Beweis für frühere Haarpracht. Das Kapitel Koch war damit für Hermine beendet, und abschließend reimte sie nur noch:

»Auf Erden gibt es viele Köpfe,
doch was ist einer ohne Zöpfe?
Das Leben scheint mir nah der Bahre,
seit ich herumgeh ohne Haare.
Oh, oh, ihr bösen Kochschen Kinder,
für mich bleibt ewig ihr die Sünder!«

Und so verließ Hermine die Familie Koch und ging in Dienst zu den beiden Freifräulein von Puttkammer.
Die beiden Freifräulein von Puttkammer waren gutartig, wenn auch schwierig. Außerdem waren sie charakterlich sehr verschieden, was Hermine etwas verwirrte. Mathilde von Puttkammer beispielsweise galt als Suffragette, natürlich nur, weil sie, wie ihre Schwester Ottilie sagte, keinen abgekriegt hatte. Ottilies Verlobter war ordnungsgemäß im Kampf gegen die Franzosen gefallen, worauf sie sich viel zugute hielt und

was auch Hermine immer sehr beeindruckte. Denn es besagte schließlich, daß Ottilie sehr wohl einen abgekriegt hatte, und daß die Franzosen ihn geholt hatten, war nicht ihre Schuld.
Also: Ottilie von Puttkammer stand gesellschaftlich höher. Die bedauernswerte Mathilde aber war etwas irregeleitet. Wahrscheinlich hatte die Tatsache, daß sie nie verlobt gewesen war, ihren armen Kopf etwas durcheinandergebracht. Warum sprach sie denn sonst wohl ständig von der Freiheit der Frau, von deren Gleichstellung im Leben und überhaupt und anderem Unsinn, von dem Hermine noch nie gehört hatte? Es schien ihr, daß der Teufel in Freifräulein Mathilde von Puttkammer gefahren wäre, und dies veranlaßte sie auch gleich zu einigem Gereimten:

»Ach, liebes Fräulein M. v. Peh.,
das Herz tut mir im Busen weh,
seh ich Sie gegen die Natur
wohl kämpfen auf der falschen Spur.
Und denken Sie erst wie ein Mann,
zeigt sich schon bald das Ende an:
Es wird zum bösen Ende dann
aus einer klugen Frau ein MANN ...«

So richtig wohl fühlte sich Hermine auch nicht aufgrund der Tatsache, daß Mathilde von Puttkammer ihr zeitweilig die Hand auf den Kopf legte und sagte:

»Siehst du, Hermine, wir sind alle gleich, wie wir hier leben unter Gottes Sonne. Sei kein Sklave, Hermine!«
Alle gleich! Manchmal, in solchen Stunden wußte Hermine einfach nicht mehr, wo sie hingehörte, sie fühlte sich haltlos, ohne festen Platz in der Welt, und das nahm sie Mathilde von Puttkammer wirklich ein bißchen übel:

»Weißt du auf Erden nicht wohin,
dann stimmt es auch nicht innendrin.
Ein kleines Licht ist immer besser
als ein großer Feuerfresser.«

So verlief also Hermines Leben. Sie war nun dreißig Jahre alt, hatte einen Bubikopf, war im Dienst bei einer Suffragette, reimte sehr hübsch – aber waren all diese Tatsachen etwa schuld, daß Hermine noch immer unverheiratet war, noch »keinen abgekriegt« hatte? Was sollte bloß aus Hermine werden?
Eines Tages aber, um Weihnachten herum, entschloß sie sich, mit Meta Leineweber, die bei den Freifräulein von Puttkammer für die groben Arbeiten zuständig war, einen Ball zu besuchen, der eigens für die bediensteten Stände veranstaltet wurde, und zwar in den sogenannten Erato-Ballsälen nahe dem Hamburger Hauptbahnhof. Zuerst fand es Hermine wohl ziemlich langweilig, denn dank einer Verwechslung der Daten war sie in das Stiftungsfest eines Gesangvereins geraten. Bis sich das

plötzlich schlagartig änderte: Ein Herr trat vor – offenbar kein Diener –, mit lichtem Haar und hoher, intelligenter Stirn, und trug zur allgemeinen Freude mit sehr schöner voller Stimme ein deutsches Lied vor, was da lautete:

»Wer hat dich, du schöner Wald,
aufgebaut so hoch da droben?«

Diese Stimme gehörte Jacob Egidius Beginnen, der damit in Hermine Böttchers Leben getreten war. Hermine war von dieser Stimme so fasziniert, daß sie so weit ging, diesem Unbekannten ein Billett zu schicken, auf dem stand:

»Wir sind hier in Eratos Hallen,
und hoffen, es möge *noch* ein Lied von Ihnen erschallen.«

Es wurde wohl noch viel gesungen, Hermine trank min-

Nächste Doppelseite: Dieses Lied, vorgetragen 1910 von Jacob Egidius Beginnen in den Erato-Hallen beim Hamburger Hauptbahnhof, stiftete seine Ehe mit Hermine. Abgebildet ist die Stimme für Tenor I aus einem Liederbuch von 1846.

№ 10. Der

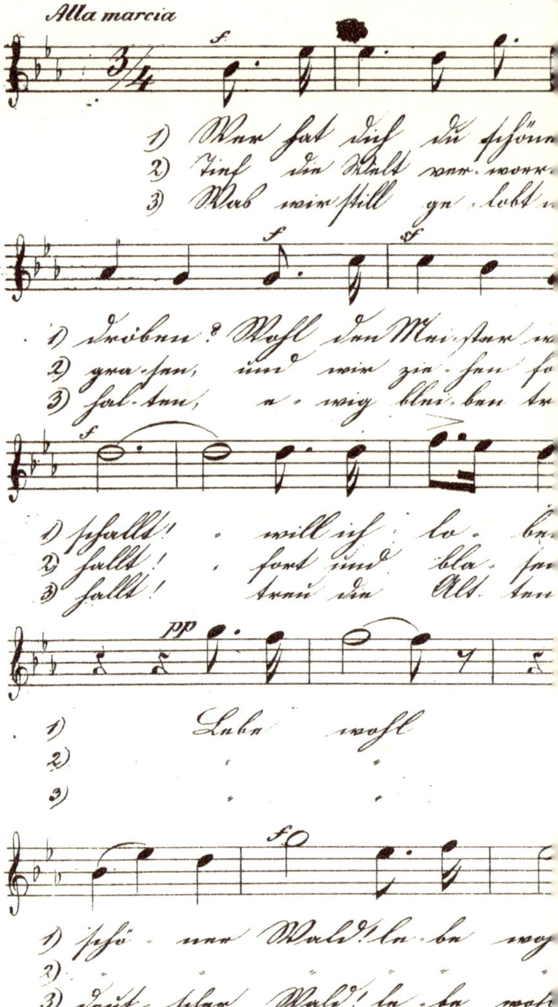
Alla marcia
1) Wer hat dich du
2) Tief die Welt
3) Was wir still ge-
1) droben? Wohl den Meister
2) gra-sen, und wir zie-hen
3) hal-ten, e-wig blei-ben
1) schallt! will ich lo-
2) hallt! fort und bla-
3) hallt! treu die Al-
pp
1) Lebe wohl
1) schö-ner Wald! le-be
3) deut-scher Wald! le-be

Abschied.

Felix Mendelssohn Bartholdy.

destens zwei Gläser Wein und war nach drei Stunden betrunken. Und Jacob Egidius Beginnen erzählte Hermine aus seinem bewegten Leben, wie er nach Hamburg kam, dem Tor der Welt. Nur für ihn hatte es sich bis dahin noch nicht so recht öffnen wollen. Zu der Zeit, als er Hermine traf, war er tätig bei der Schiffahrtslinie Hapag-Lloyd als Bananen-Auspacker, übrigens mit dem strengen Verbot von seiten der Geschäftsleitung, jemals auch nur eine Banane selbst zu essen. Jacob Egidius – mein Großvater also – hat nie – nie! – die Tatsache als degradierend empfunden, ein einfacher Bananen-Auspacker zu sein; aber er fand es ungerecht, daß er zwei Jahre lang ausschließlich *nur* Bananen auspacken durfte.

»Besondere Sorgfalt erfordert die Behandlung von importierten Südfrüchten. Hamburg, der führende Südfruchthafen des europäischen Kontinents, besitzt 13 heizbare Spezialschuppen für den Fruchtumschlag mit einer nutzbaren Schuppenfläche von 123 700 Quadratmetern. Zwei dieser Anlagen sind ausschließlich dem Bananenimport vorbehalten. Über ein System von wettergeschützten Elevatoren und Förderbändern werden die Bananenstauden über die Sortierstrecken geleitet und an die im Schuppen bereitgestellten Eisenbahnwaggons und Lkw's herangeführt und zum Weitertransport ins Binnenland sofort verladen.«

Hapag-Lloyd hatte doch so vieles auszupacken, Dinge, für die man eher Verantwortung empfinden konnte als auf die Dauer für Bananen. Zum Beispiel Zucker! In trüben Stunden, wenn ihn diese schrecklichen Erinnerungen überfielen, sagte er oft plötzlich zu mir:
»Und ich verstehe es nicht. Ich verstehe es immer noch nicht, warum sie mich nicht ein einziges Mal an den Zucker 'rangelassen haben!«
Auf diese Schwierigkeiten meines Großvaters komme ich im nächsten Kapitel zurück.
Drei Jahre lang ging Hermine mit Jacob, drei Jahre lang spielte sich nichts ab, das walte Clara.
»Wie denn«, sagte Hermine später oft, »wie denn hätte ich ihr sonst in die Augen sehen sollen, wenn sie noch gelebt hätte.«
Im dritten Jahr ihrer Bekanntschaft fand Jacob endlich eine Wohnung für beide, ganz in der Nähe seines Gesangvereins. Und so heiratete Hermine Böttcher Jacob Egidius Beginnen ganz in Ehren, ohne schwanger zu sein. Sie war die Ausnahme, von der ich gesprochen habe, unter den Frauen der Linie Böttcher/Beginnen.
An Jacobs und Hermines Hochzeitstag sangen Jacobs Vereinsbrüder von der »Winterhuder Liedertafel« ihnen zu Ehren den Pilgerchor aus der Oper »Tannhäuser«, und so wurde wohl auch dieser Richard Wagner ein Wegweiser für die erste Tochter von Hermine und Jacob: Das war meine Mutter Ingeborg-Elsbeth. Aber davon später.

Ingeborg, rechts stehend, und Gerda, die beiden Töchter von Jacob und Hermine, 1916 in Hamburg an Hermines Geburtstag.

5a. Meta

Wenn ich sage, daß die Geschichte von Meta im Grunde nicht in dieses Buch gehört – so ist das nicht abwertend gemeint. Meta, die Oldenburgerin, verbindet mit unserer Familie nur die Tatsache, daß sie eine Freundin von Hermine Minna Auguste war und auch eine Dienende. Sie teilte sich mit Hermine in die Besorgung des Haushaltes der Freifräulein von Puttkammer, unterstand jedoch Hermine, denn diese bestimmte den Speiseplan, bestellte die Lieferanten und rechnete mit den Freifräulein das Haushaltsgeld ab. Meta machte die gröberen Arbeiten, wusch, bügelte, wienerte die Fußböden und trug die Kohlensäcke in den Keller. Sie konnte weder lesen noch schreiben, weil die Eltern im Oldenburgischen es nicht so gewollt hatten, und war ein schlichter Mensch geblieben.

Nachforschungen meinerseits über Meta blieben ohne Ergebnis, und so lasse ich am besten im folgenden Hermine von Meta erzählen, obwohl Hermines Satzbildung etwas konfus erscheinen wird. Denn Hermine erzählte mir Metas Schicksal erstmals, als sie schon in den hohen Achtzigern war, und da hatte sie schon Schwierigkeiten, die Zusammenhänge im einzelnen klar wiederzugeben, aber im großen und ganzen wirkte sich die Form der Wiedergabe nicht nachteilig auf das Gesamtbild Metas aus. Denn auch Metas Schicksal war verworren wie ihr Gemüt.

Hermine begann etwa so:

»Ja, Meta, also Meta, ich weiß auch nicht, die Meta, sie hatte keinen Gott, die Meta, dabei war sie nicht dumm, aber eben keinen Gott. Dumm war sie nicht, war nicht religiös, deswegen – erst mochte ich sie nicht, weil sie ja auch ein bißchen durcheinander war, also schon von früher. Nämlich, weil sie wohl aus dem Oldenburgischen kam! Und die Eltern natürlich auch, obwohl der Vater auch woanders gelebt hat. Sie hatte einen Rappel, die Meta, natürlich nicht ihre Schuld. – Wohl das Oldenburgische, und dann der Vater, du weißt schon. Die Mutter? – ach so, ja – die war auch von da, aber mehr Inzucht. Einmal war die zu Besuch, und Meta und ich sind mit ihr in der Pferdebahn gefahren. Da hat sie dann dem Pferd ihren Strohhut aufgesetzt, weil dreißig Grad Wärme waren. Meta hat nichts gesagt, aber ich habe mich gewundert. – Jedenfalls, bei Meta hat wohl was abgefärbt, sie war nicht ganz in Ordnung im Kopf – also der Rappel, den sie hatte. Manchmal ist sie umgefallen, aber nicht einfach so – sie hat gezuckt mit allem. Und wie sie in den Tisch gefallen ist, einmal, wo die

Kristallgläser draufstanden – da waren die natürlich hin. Ich mußte das doch alles verantworten. Nur weil Meta sich nicht beherrschen konnte mit ihrem Körper. Sie hatte auch Schaum vor dem Mund – und natürlich habe ich den Pastor geholt deswegen, aber der sagte, es ist Gottes Wille. Wohl weil sie nicht religiös war. – Meta war ja nicht groß. Wohl 1 Meter 40, aber dafür sehr große Augen, richtig vorstehend und blau. – Jacob sagte immer: ›Meta glubscht mich an.‹ Aber das waren das Oldenburgische und der Vater natürlich. – Daß sie mal auf dumme Gedanken kommt, dachte ja keiner – ich meine, mit Männern. Fiel doch auch dauernd um, die Meta, und der Schaum natürlich. Ich mochte sie aber. Sie war wohl schon vierzig, als ich zu Puttkammers in Stellung ging – der Vater von den Fräuleins hatte sie hinterlassen, bei dem war sie auch schon. Der Vater von den Puttkammers wurde dann ja Sklavenhändler in Afrika oder Missionar – da konnte Meta nicht mitgehen. Wäre vielleicht besser gewesen. Allerdings – sie war aus dem Oldenburgischen. – Na, nun der Rappel, und schon vierzig – ich konnte ihr auch nicht helfen. Dann ist es passiert, sie hat einen kennengelernt, wußten wir alle nicht. Er hieß wohl Hermann – ich glaube nicht, daß er religiös war. Er war aber Silberdiener. Bei den Bentheims, auch eine anständige Herrschaft. – Das war wohl nicht genug – nun auch noch Meta. Ich dachte gleich, es ist nicht wegen ihrer schönen Augen – der Kerl war auch noch fünfzehn Jahre jünger – allerdings Silberdiener bei

Das Speisezimmer der Freifräulein von Puttkammer in Berlin 1909. In den Schubladen der Kredenz befand sich das Tafelsilber.

den Bentheims. Meta merkte ja nichts – ich habe ihr natürlich alles gegönnt. Aber wegen dem Oldenburgischen und ihrem Rappel war sie wohl so triebhaft, wie soll ich sagen. Jedenfalls – Hermann kam ja gar nicht wegen Meta, sondern wegen dem Silber, das war doch das Familiensilber von den Puttkammers, sogar aus Afrika einiges von dem Vater. Und dann saßen die in der Küche unten, und Meta hat ihm immer das Silber gezeigt und wo es ist. Ich dachte mir auch nichts weiter, denn dieser Hermann hatte ja selbst Silber bei den Bent-

heims. Was soll er mit dem fremden Silber? Siehst du, er wollte es stehlen. Wir wußten das nicht, er war sonst nett – obwohl er nicht religiös war und fünfzehn Jahre jünger als Meta. Meta hat ihn nur immer angeguckt und er das Silber. Und mit einmal sagt Meta, ihr ist schlecht, und sie kriegte dann ein Kind. Wie, weiß ich nicht. Jedenfalls von Hermann. Und ich dachte immer, er kommt wegen der Löffel von den Fräuleins, so irrt man sich. – Es war aber doch wegen dem Silber. – Wie Meta ihm dann alles gezeigt hat, wo es liegt – kam er nicht mehr. Nur einmal, da haben wir ihn aber nicht gesehen! Da war er mit einer Kerze da und hat mit dem Wachs überall Abdrücke von den Schlössern genommen, auch die, wo das Silber drin war – denn er glaubte nicht an Gott. Und dann, als Meta schon ganz dick war, ist er eingebrochen mit nachgemachten Schlüsseln und hat das ganze afrikanische Silber gestohlen, ohne daß Meta was wußte, und ist weg. Auch von Bentheims ist er weg. Aber ohne Silber, denn unser Silber war besser. Die Puttkammers haben zu Meta gesagt, sie hat den Raub unterstützt, und wie viel Undank es ist gegen Herrn von Puttkammer in Afrika, der alles für sie getan hat. Meta hatte dann schon gar keine Augen mehr vom Weinen, und weil sie ja das Kind auch kriegen sollte. Jacob hat gesagt: ›Meta hat nichts mehr zu glubschen.‹ Damals gingen wir schon zusammen. – Jedenfalls war Hermann dann nicht mehr da, mit dem Haussilber, fünfzehn Jahre jünger war er und nicht religiös. Meta kam dann in den sechsten Mo-

nat und sollte nun weg, und das hat sie sich so zu Herzen genommen. Na, viele Silbergabeln waren nicht mehr da – aber mit einer Tortengabel hat sie sich abgestochen, die sich noch gefunden hat, direkt ins Herz, und das Kind natürlich auch tot. – Die Puttkammers waren ihr böse, es war auch Ferkelkram, wie das aussah. Ich mochte Meta nicht mehr meine Freundin nennen, obwohl man nichts Schlechtes über Tote sagen soll. Ich seh' noch das Monogramm auf der Tortengabel, M. v. P. Das hieß natürlich Mathilde von Puttkammer, aber sie dachte wohl, das heißt Meta. Größenwahn! – Sie ist dann überführt worden ins Oldenburgische. Schönen Stein hat sie gehabt. ›Der Herr hat's gegeben, der Herr hat's genommen‹, stand drauf. Das ging aber nicht gegen Hermann.«

6. Jacob Egidius

Daß mein Großvater Jacob Egidius Beginnen ein musikalischer Mensch war, hatte ich schon angedeutet. Tatsächlich spielte die Musik in seinem Leben eine ganz ausschlaggebende Rolle.

Jacobs Vater Heinrich Begien (später Beginnen) war belgischer Herkunft und lebte als Bauer in einem kleinen Dorf bei Maastricht. Eines Tages reiste er zum Feuerwehrball ins nahe Jülich. Auf diesem Ball lernte er die Tochter des Feuerwehrmeisters kennen – Gertrud Düngelhoff –, eine wohl sehr reizende Person, obwohl sie als das galt, was man heute exzentrisch nennen würde.

Heinrich Begien und Gertrud Düngelhoff wurden ein Paar. Unter anderen wurde ihnen Jacob Egidius geboren. Jacob hatte zwar noch Geschwister, aber ich habe all diese lieben Großonkel nie kennengelernt. Verständlicherweise legten sie auch nie Wert darauf, denn sie haben es in dem schönen Rheinland zu etwas gebracht, und ihr guter, streng katholischer Glaube ließ einen gesellschaftlichen Verkehr mit mir nicht zu. Meine Her-

Porträtaufnahme von Jacob Egidius Beginnen aus dem Jahre 1950 in Innien/Schleswig-Holstein.

kunft war nicht so, daß man offen darüber reden könnte. Darüber sprechen wir aber trotzdem noch.
Als das Kind Jacob Egidius drei Jahre alt war, verschwand plötzlich Mutter Gertrud aus seinem Leben unter Umständen, die nie genau geklärt wurden. Sie soll oft stundenlang am Fenster gestanden haben, mit einem riesigen Strickstrumpf in der Hand. Sie strickte nicht, sondern sang immer wieder das schöne Lied:

»Lobe den Herren, was in mir ist, lobe den Namen.
Alles, was Odem hat, lobe mit Abrahams Samen ...«

So lobte Gertrud Düngelhoff den Herrn, strickte nicht und verwirrte sich. Sie kam dann wohl in ein schönes weißes Haus, wo viele mit ihr sangen und erst das richtige Verständnis für ihre Freude am Singen hatten.
Nachdem Gertrud weggegangen war, starb kurz darauf Jacobs Vater. Man sagte, aus Scham über den Zustand seiner Frau – jedenfalls nicht aus Kummer darüber. Jacob Egidius war nun Vollwaise und kam in das Waisenhaus von Mönchengladbach, einem idyllischen Städtchen in der Nähe von Jülich.
Um 1890 war es nicht leicht, eine rheinische Vollwaise zu sein, dazu mußte man schon einen festen katholischen Glauben mitbringen. Nun kannte Jacob zum Glück ein frommes Lied perfekt auswendig, und das war »Lobe den Herren«, wofür er seiner Mutter in so mancher schweren Stunde im Waisenhaus zu Mönchengladbach

dankte. Und es gab viele schwere Stunden in den zehn Jahren, die er bei den frommen Schwestern zubrachte. Aber der Herrgott hatte auch unseren Jacob nicht vergessen und hatte ihm das beste Erbteil seiner Mutter Gertrud Düngelhoff in die Wiege gelegt: eine schöne Stimme. So wurde die Waise Jacob Beginnen mit neun Jahren ein Privilegierter: Er wurde Meßknabe.
Das war schon ein großer Glücksfall. Jeden Morgen durfte Jacob um sechs Uhr zur ersten Messe ein schönes Kostüm anziehen, mit weißen Spitzen, und hatte außerdem die Möglichkeit, sich vorher oder nachher in der Sakristei einigermaßen am heiligen Gebäck satt zu essen. Diese Kekse – in Form einer Oblate – stellten eigentlich den wahren Leib Christi dar und wurden den Gemeindemitgliedern auch als solche beim Empfang des Abendmahls auf die Zunge gelegt – weil Jacob nie ein Frühstücksmahl von den frommen Schwestern bekam, mußte eben das Abendmahl herhalten.
Mein Großvater hat übrigens später jede Art von Gebäck gehaßt. Sogar Weihnachten war nichts zu machen, worunter Hermine immer sehr litt.
Schon bald fand der Meßknabe Jacob eine weitere Gelegenheit, auf etwas ungewöhnliche Art und Weise satt zu werden. Dies allerdings nur einmal im Jahr, immer wenn der Oktober mit dem Erntedankfest nahte. Dieser schöne Tag wurde durch eine Prozession der dankbaren Waisenkinder »Von den Frommen Schwestern« eingeleitet. Voran schritt der Kaplan, hinter ihm seine Kinder,

deren erstes Jacob war. Denn Jacob hatte nun mal die schönste und hellste Stimme von allen, und sein »Hallelujah, hallelujah«, das jede Strophe abschloß, war einfach nicht zu übertreffen. Mit beiden Händen trug Jacob außerdem ein riesiges Kreuz, von dem Jesus Christus gütig und rheinisch zu unserem Jacob herunterlächelte, wobei ihm die Dornenkrone so tief saß, daß er, zu Jacobs Beruhigung, irgendwie blind aussah.
So ging die Prozession durch das Städtchen, über den Fluß, durch die Wiesen und schließlich durch die Obstgärten. Und hier war es dann, wo Jacob zuschlug. Er nahm unsern Herrn Jesus und schlug ihn unter lautem »Hallelujah« kräftig gegen die Äpfel- und Birnbäume, unter denen sie hergingen. Und der Segen kam von oben. Vorn schlug Jacob das Kreuz, hinten sammelten seine Freunde, so schnell es ging, alles ein, was der Himmel so reichlich spendete.
Jacob war deswegen kein böses Kind. Er war aber auch kein schönes Kind. Das schönste war seine Stimme; dieses Talent machte es auch wieder gut, daß er schon mit vierzehn Jahren an Haarausfall litt.
So ging es ihm im Grunde genommen bei den frommen Schwestern recht gut, bis zu dem Tag, der alles änderte: Jacob kam in den Stimmbruch. An und für sich keine Tragödie, sondern der normale Ablauf der Natur, aber für Jacob bedeutete es den Verzicht auf all die kleinen Dinge, die sein Leben ab und zu fast heiter gemacht hatten: Es bedeutete, daß Jacob Egidius ein Mann ge-

worden war. Die frommen Schwestern stellten dies erschreckt fest – der Kirchenchor konnte ihn nicht mehr gebrauchen.
So kam Jacob in die Lehre zu einem Flickschuster. Er kam kaum noch zum Singen, obwohl die Leute immer meinen, daß ein Schuster beim Nageln unentwegt ein Lied auf den Lippen hat: dieser jedenfalls nicht – im Gegenteil.
Heimlich träumte Jacob trotzdem von einer Sängerkarriere, sah sich im Geiste manchmal in Düsseldorf oder Krefeld auf der Bühne stehen. Seine Lieblingsoper war »Robert der Teufel«, obwohl er niemals die Musik gehört hatte und auch nie etwas über den Inhalt des Werkes erfuhr. Er fand nur den Titel »Robert der Teufel« außerordentlich verheißungsvoll und meinte, es müsse schon deswegen etwas Besonderes an dieser Oper sein. Hinzufügen will ich, daß er das Werk auch in späteren Jahren nie gesehen hat. »Robert der Teufel« blieb ein Schemen.
Nachdem Jacob es vier Jahre lang bei dem Flickschuster ausgehalten hatte, erfuhr er, daß er nun Schustergeselle sei. Zuerst mußte er aber noch eine Wanderschaft antreten – ohne diese ging es damals nicht. So wanderte er ein Jahr lang mit einem Hufschmiedegesellen durch Deutschland. Dieser Hufschmied hatte tragischerweise eine unüberwindliche Abneigung gegen Pferde, denn er war zweimal während der Arbeitszeit von kräftigen Gäulen getreten worden. Der zweite Tritt hatte ihm eine

Szenenbild aus Jacobs Lieblingsoper »Robert, der Teufel« von Meyerbeer, Finale des 1. Aktes.

deformierte Nase eingebracht, beziehungsweise hatte er dadurch eigentlich gar keine Nase mehr.
Dieser treue Wanderfreund starb plötzlich auf dem Weg vom Rhein zur Mosel, als er betrunken über die Rheinwiesen bei Düsseldorf lief und den Unterschied zwischen Wiese und Rhein nicht mehr erkennen konnte.
»Danach«, so erzählte mir mein Großvater Jacob später, »danach habe ich nie mehr gesungen: ›Warum ist es am Rhein so schön?‹ Dazu hatte ich ja auch wirklich keinen Grund mehr. Er war mein einziger wirklicher Freund.«
So ging Jacobs Gesellenzeit ein bißchen traurig zu Ende. Er hatte auch keinen Spaß mehr am Schusterleben und schloß sich von einem Tag zum anderen einer Schaustellertruppe an, die gerade auf dem Weg nach Köln war. Jacob fiel die Aufgabe zu, die Hühnernummer zu betreuen. Die Hühnernummer, das waren vier Hennen und ein Hahn, die die Kunst der Pyramide beherrschten. Ein Huhn flog auf den Rücken des anderen, und am Schluß setzte sich der Hahn auf alle Hennen und machte eine ausgesprochen obszöne Bewegung.
Jacob Egidius hatte kaum Arbeit mit seinen Hühnern. Zweimal am Tag fütterte er sie, manchmal wurde der Stall ausgemistet. Die Eierkontrolle übernahm die Prinzipalin selbst, weil es, wie sie sagte, zuviel unehrliche Menschen auf der Welt gebe und weil man niemand in Versuchung führen solle. Jacob fühlte sich nicht gekränkt, denn die Arbeit war abwechslungsreich, und er hatte guten Kontakt zu seinen Hühnern.

So kam die Truppe nach Köln und zeigte ihre Kunst auf dem Domplatz. Allerdings nur einen Tag lang, und daran war der Hahn schuld. Im Angesicht des Kölner Doms machte er zweimal mehr als notwendig und einstudiert seine berühmte obszöne Bewegung und wurde dabei von guten Christen beobachtet. Die Truppe wurde aus Köln ausgewiesen, überhaupt durfte sie sich im Rheinland nicht mehr blicken lassen.

Also beschloß man, im Norden Deutschlands sein Glück zu versuchen, und so kam Jacob nach Hamburg. Dort verließ er die Truppe, denn seine Anwesenheit war nicht mehr sinnvoll. Unterwegs war man nämlich gezwungen gewesen, zuerst die Hennen aufzuessen und kurz hinter Lüneburg leider auch den Hahn.

So hatte Jacob seine Aufgabe bei der Schaustellertruppe verloren. Er war jetzt achtzehn Jahre alt und noch immer kein Sänger. Der künstlerische Anfang war dank der Hühnernummer zwar gemacht, aber durch deren notwendigen Tod auch ebenso schnell wieder beendet. Jacob fiel darüber fast zwei Jahre lang in tiefe Depressionen, arbeitete nur hier und da, soweit es notwendig war, um irgendwie zu existieren.

Plötzlich aber hatte er wieder Glück. Er wurde als Verkäufer in einem kleinen Zigarrenladen am Gänsemarkt eingestellt. Die freundliche Inhaberin, eine gewisse Witwe Putbrese, hatte Jacob gern.

»Sie sind nicht perfekt, rein äußerlich«, sagte sie, »wo Sie doch in so jungen Jahren schon fast eine Glatze haben. Mein erster Mann sah ja wirklich gut aus, aber er ist auch früh gestorben. Da hat man nicht viel von, wissen Sie.«

Jacob blieb fünf Jahre bei der Witwe Putbrese, bis sie sich schließlich einem anderen Herrn zuwandte, der gut aussah.

So kam es, daß Jacob, wie schon erwähnt, Bananen-Auspacker bei Hapag-Lloyd wurde. Wie wenig froh er dort war, wissen wir aus dem Kapitel Hermine Minna Auguste. Sein einziger moralischer Trost in dieser Zeit war seine Mitgliedschaft im Gesangverein Winterhuder Liedertafel von 1860. Und auf dem fünfzigjährigen Stiftungsfest des Vereins in den Erato-Sälen lernte er schließlich Hermine Minna Auguste kennen und gewann diese eiserne Jungfrau durch die Kraft seiner Stimme.

Als Hermine und Jacob nun geheiratet hatten, wollte Hermine es einfach nicht mehr dulden, daß Jacob als ungelernter Arbeiter bei Hapag-Lloyd blieb. Außerdem konnte man mit diesen Verdiensten unmöglich eine Familie ernähren. Also schickte sie Jacob auf Arbeitssuche, und schließlich fand er in Hamburg-Wilhelmsburg eine weit besser bezahlte Arbeit bei den Asbest- und Gummiwerken E. Merckel. Hier verdiente Jacob gute hundert Reichsmark in der Woche, und obwohl er und Hermine inzwischen zwei Kinder hatten, war es irgendwie möglich, die Familie zu ernähren. Natürlich war das ständige Einatmen der Gummi- und Asbestdämpfe nicht so sehr günstig für Jacobs Lungen. Er sang auch aller-

höchstens noch zweimal im Monat bei den Treffen der Winterhuder Liedertafel, weil seine stimmlichen Möglichkeiten durch diese Tätigkeit stark beeinträchtigt waren.
An dieser Stelle möchte ich betonen, daß ich lediglich die Tatsache der stimmlichen Beeinträchtigung in meinem Liederabend erwähnt habe. Und zwar als objektive Feststellung. Ich hoffe nicht, daß sich die Firma Merckel dadurch nach wie vor gekränkt fühlt. Denn der Sender Freies Berlin erhielt vor einiger Zeit ein Schreiben von den immer noch existierenden Merckel-Werken in Hamburg-Wilhelmsburg. Die Geschäftsleitung des Unternehmens hatte sich durch die Fernsehaufzeichnung meines Liederabends irritiert gefühlt. Da erwähne ich nämlich die stimmlichen Schwierigkeiten, die Merckels Asbestdämpfe bei meinem Großvater auslösten. Ich weise hier nochmals darauf hin, daß damit absolut keine Kritik an den Arbeitsmethoden in den Merckel-Werken geübt werden sollte. Vielleicht nimmt die Firma Merckel ihrerseits die Behauptung zurück, in der Firma Merckel habe ein Jacob Egidius Beginnen in der Zeit zwischen 1915 bis 1940 nie gearbeitet. Wenn das meine Großmutter Hermine Minna Auguste wüßte! Sie wäre sehr gekränkt, daß fünfundzwanzig Jahre treuer Dienste so einfach ignoriert werden. Vor allen Dingen wohl auch deshalb, weil Jacob die Firma als Frühinvalide verließ und weil Hermine es übel vermerkt hatte, daß ihm damals die fünfundzwanzig Reichsmark Rentenzuschuß

ohne eine einleuchtende Erklärung verweigert wurden.
Gott sei Dank ist jetzt ja alles anders bei den Merckel-Werken, und mein Großvater Jacob starb schließlich auch nicht an seinem Lungenleiden, sondern an Nierenversagen.
Damals lebten wir schon in Gadeland bei Neumünster. (Auf Neumünster komme ich bestimmt noch zurück.) Mein Großvater starb an einem Karfreitag, und der einzige Arzt in der Umgebung, der den Tod hätte amtlich bescheinigen können, war in Urlaub. Zwei Nächte lang lag mein toter Großvater friedlich zwischen mir und Hermine in den beiden Betten, die wir hatten. Dann wurde sein Tod amtlich bestätigt, und er durfte beerdigt werden. Fünf Jahre lang sparte Hermine, seine Witwe, für einen Grabstein, der die Inschrift trägt:

»Mit den Tönen kommt das Sehnen,
hebet sich der Liebe Schmerz.
Wie sie beben und verschweben,
bebt, verschwebt – – dies stille Herz.«

7. Die Onkels

Es gab viele Onkels, die zeitweise die Frauen in unserer Familie aufschreckten und vorübergehend beunruhigten: Onkel Wilhelm, Onkel Albert, Onkel Richard, Onkel Gustav, Onkel Kurt und wie immer sie hießen. Aber sie blieben schemenhaft, waren vielleicht Erzeuger (auch dies blieb ab und zu unklar, siehe Moses), waren immer irgendwie beteiligt, jedoch schwächlich, neurotisch, hysterisch und zu plötzlichen Tränenausbrüchen neigend, oft haltlos oder mit einem physischen oder psychischen Fehler behaftet. Die Onkels jedenfalls waren nie wirklich für mich.

Nur an einen Onkel meiner Mutter Ingeborg-Elsbeth erinnere ich mich ganz gut – das war Onkel Zacharias –, aber wohl auch nur deshalb, weil er einen starken Beinfehler hatte. Von Onkel Zacharias erzähle ich daher stellvertretend für alle unbenannten Onkels.

Es war wohl 1942 – Oma Hermine, Opa Jacob und ich lebten in Gößnitz, einem kleinen Städtchen in Thüringen, wo der Krieg weniger gefährlich erschien. Dort besuchte uns für gewöhnlich einmal im Jahr meine Mutter Ingeborg-Elsbeth. Teils, um vom Gesang auszuruhen, teils wohl aber auch, um mich zu sehen. Bestimmt war es für sie immer ein bißchen langweilig, denn Gößnitz hatte nur den Gasthof »Zum Gambrinus« vorzuweisen, das Pfarrhaus, in dem wir lebten, und eine Kirche. Und in der Kirche fing wohl alles an, mit Ingeborg-Elsbeth und Onkel Zacharias.

Es gab in Gößnitz zu dieser Zeit nur vier Männer, die nicht im Kriegseinsatz waren: den Pfarrer, den Küster, den Doktor und den Organisten Zacharias. Onkel Zacharias war nur deswegen nicht eingezogen worden, weil er einen deformierten Fuß hatte, einen Klumpfuß, wie rücksichtslose Menschen dies nannten. Daß Onkel Zacharias trotz dieses Leidens so gut die Orgel spielte, muß ich rückblickend direkt meisterhaft nennen, sozusagen den Sieg über das Dunkel.

Die Gößnitzer Orgel hatte einen schönen Klang, aber ihr Mechanismus war schwer zu bedienen, und Onkel Zacharias mußte reichlich kräftig in die Pedale drücken, was ihm bei Regen immer eigenartige Schmerzen im toten Teil des Fußes verursachte. Trotzdem war Onkel Zacharias ein fröhlicher Mensch mit sanften Augen und einem blonden Haarkranz. Seine Schönheit kam von innen – und dies bemerkte Ingeborg-Elsbeth sofort.

Als sie wieder einmal ihren alljährlichen Besuch in Gößnitz machte, traf sie eines Abends auf dem Kirchplatz Onkel Zacharias, den Organisten. Man plauderte:

»Meine Güte«, sagte Ingeborg-Elsbeth wohl so ungefähr, »ich dachte, Sie sind längst als vermißt gemeldet. Jeder Fuß wird doch jetzt gebraucht, um für Deutschland zu marschieren.«
»Meiner nicht«, sagte Onkel Zacharias daraufhin listig, »der linke gesunde ist nämlich noch dazu ein Plattfuß, und so was nehmen die nicht.«
Wie auch immer, Onkel Zacharias muß wohl wirklich sehr gut die Orgel gespielt haben, denn irgendwie gewann er für eine gewisse Weile das Herz meiner Mutter. Oft saß sie neben ihm auf der Empore, hörte ihn seine Gößnitzer Fugen spielen und legte manchmal selbst mit Hand an, indem sie im hinteren Raum die Blasebälge betätigte. Und ab und zu begleitete Onkel Zacharias sie auf der Orgel, wenn die Lust zu singen sich nicht mehr aufhalten ließ.
Ingeborg-Elsbeth kam allerdings von der Operette, und kirchliche Gesänge waren ihr fremd. Auch Onkel Zacharias hatte die Nase wohl etwas voll vom dauernden »Oh Lebensbrünnlein tief und groß«. Und so orgelte er mit Ingeborg zusammen alles, was die deutsche Operette bot, angefangen bei:

»Deine Lippen, die küssen so heiß,
deine Glieder sind lockend und weiß.
In den Sternen, da steht es geschrieben:
Du sollst küssen, du sollst lieben.«

Sehr liebten beide auch »Das Lied der Kaiserin« aus der Operette »Der Vogelhändler«. In diesem Liedchen geht es um eine offenbar somnambule Person weiblichen Geschlechts, die erblich belastet ist (Kaiserin!). Zu Unrecht vermutet sie an einem Brunnen weiße Birken, die dort nie gedeihen würden, denn Birken brauchen trockenen Sandboden. Schließlich glaubt sie auch noch, einen Reiter zu hören, der sich beim Näherkommen als schöne (gesunde?) Erscheinung entpuppt. Klar wird übrigens nicht, ob sie wirklich den Reiter meint oder doch eher das Pferd.

Ich versuche diesen Text nur deshalb so genau zu analysieren, weil meine Mutter ihn noch heute ganz besonders liebt. Hier zur Anschaulichkeit der Text:

»Als geblüht der Kirschenbaum,
ging ich zum Walde wie im Traum.
An des Brunnens kühlem Rand,
so hell die weiße Birke (!) stand.
Einen Reiter hört ich jagen,
und mein Herz hub an zu schlagen:
Denn er hielt sein Rößlein an –
ach Gott – es war ein schöner, schöner Mann.«

Bei »Ach Gott, es war ein schöner Mann« rutschte Onkel Zacharias' Fuß jedesmal merklich betrübt vom Pedal ab, und diese Phrase erschallte dadurch immer in einem Mißton. Und wenn dann Onkel Zacharias so

recht melancholischer Stimmung war, nahm er mich manchmal auf den Schoß – was ich übrigens haßte –, sah mich bedauernd und nachdenklich an und sagte:
»Du armes Kind hast es auch nicht leicht, aber jeder Mensch hat im Leben eben seinen Klumpfuß.«
Das fand ich gar nicht komisch. Und ab und zu verstieg er sich sogar zu der Frage:
»Sage mir doch, mein Kind, könntest du wohl Vati zu mir sagen?«
Ich war zwar erst vier Jahre alt, aber seine Art, sich zu formulieren, fand ich außerordentlich indiskutabel (sag Vati zu mir!). Der Fuß war ja für mich, so wie er war, völlig in Ordnung. Außerdem glaubte ich sowieso lange Zeit, alle Organisten hätten solche Füße, damit sie besser orgeln könnten.
Meine Großmutter Hermine hielt allerdings gar nichts von dieser Beziehung ihrer Tochter. Sie nannte Onkel Zacharias einen Wolf im Schafspelz, einen Bock als Gärtner, oder sie bemerkte ganz nebenbei:
»Jetzt darf der Teufel schon in die Kirche, guck bloß den Fuß an. Der Herrgott weiß schon, wen er zeichnet.«
Mir aber erschien Onkel Zacharias durch diese kleine Unebenheit eher exotisch. Und es sprach auch für seinen Sinn für Humor, wenn er fröhlich und unbefangen mit mir sang:

»Kommt ein Vogel geflogen,
setzt sich nieder auf mein Fuß,

trägt ein Zettel im Schnabel,
von der Mutter einen Gruß.«

Onkel Zacharias verließ uns Ende 1944 auf ungewöhnliche Weise. Es waren schlechte Zeiten, und auch er suchte sich seine Mahlzeiten notgedrungen in Wald und Wiesen zusammen. Er starb an einem Pilzgericht. Und Hermine sagte nach der Trauerfeier düster:
»Wahrscheinlich Fliegenpilze! Denn denk dir, Kind, seine letzten Worte waren: ›Herr Doktor, ich glaube, ich kann fliegen, fliegen, fliegen …‹ Na, weißt du«, fügte sie hinzu, »wo er doch nicht mal richtig laufen konnte!«
Der nächste Onkel an der Orgel hieß nur Helmut, und ich hatte nie den Wunsch, ihn kennenzulernen. Der war mir zu gesund.

8. Tante Gerda

Jacob und Hermine Beginnen hatten zwei Töchter: Ingeborg und Gerda Beginnen. Beide waren musisch veranlagt, wie sich schon in früher Kindheit zeigte. Nur war nicht eindeutig herauszufinden, in welcher Richtung diese Begabung zu suchen war. Gerda zum Beispiel spielte Geige und rezitierte hervorragend aus der deutschen Klassik, Ingeborg übte sich am Klavier und sang dazu mit einer auffallend schönen Stimme, die sie nur von ihrem Vater Jacob geerbt haben konnte.

Ingeborg Beginnen werde ich an anderer Stelle ein längeres Kapitel widmen, denn sie ist schließlich meine Mutter. In diesem Kapitel will ich von Tante Gerda sprechen. Ich weiß nur wenig über sie, denn sie starb im Luftschutzkeller 1943, und ich war damals erst fünf Jahre alt. Meine Mutter erzählte mir nur, daß es sehr schwierig gewesen sei, Tante Gerda unter all den Toten wiederzufinden. Bis heute ist sie nicht sicher, ob es auch wirklich ihre Schwester war, die dann begraben wurde.

Bevor Tante Gerda Onkel Eugen heiratete, war sie ein

vielversprechendes Talent. Jacob und Hermine hatten dafür gesorgt, daß Gerda schon mit zehn Jahren Violinunterricht nahm. Keine billige Sache übrigens für Jacob, wenn man bedenkt, was er bei Merckel verdiente. Aber in den Töchtern wollte er endlich verwirklicht sehen, was ihm selbst nicht gelungen war. Gerda dankte ihm dies dadurch, daß sie schon mit elf Jahren Beethovens »Für Elise« auswendig geigte, und das, obwohl die Noten für Piano geschrieben waren. Später glänzte sie durch einen eigenwilligen Vortrag des Capriccio Italien, das von Tschaikowsky eigentlich auch für Klavier gedacht war, und, nicht zu vergessen, der Toselli-Serenade.

Die Toselli-Serenade mußte sie übrigens immer wieder für Hermine spielen – Hermine hatte nämlich eine eigenartige Haßbeziehung zu dieser Nummer.

»Dieser Toselli«, sagte Hermine, »war ein unanständiger Mensch. Daß er Künstler war, ist keine Entschuldigung. Er hat diese nette Gräfin von ihren Kindern und ihrem anständigen Mann weggeholt, und das alles mit der Geige. Sollte man gar nicht glauben. Später hat er ja denn auch was für sie komponiert, und daraus ist die Toselli-Serenade geworden.«

Als Tante Gerda sich sechs Jahre lang auf der Geige geübt hatte, fiel sie dem Dirigenten des Karstädter Dachgartenorchesters auf. Dazu muß man wissen, daß die Firma Rudolf Karstadt in Hamburg in den dreißiger Jahren einen Musikpavillon auf dem Dach hatte, in dem

sie außerdem eine Gastronomie betrieb*. Man konnte dort einerseits seinen Kaffee trinken und andererseits seiner Lieblingsmelodie lauschen. Hier fand Tante Gerda im Damenorchester ihr erstes erfolgreiches Engagement. Insbesondere tat sie sich hervor durch den Vortrag von Hermann-Löns-Liedern, wobei sie sich außerdem selbst auf der Violine begleitete. Dies war damals eine Neuheit und galt als Sensation für Karstädter Verhältnisse.
Man kann sagen, daß sie in dieser Zeit alle Löns-Lieder sang, die es jemals gegeben hat, obwohl sie besonderen Erfolg hatte mit dem Bickbeer-Lied. Beim Bickbeer-Lied wurden alle Kaffee trinkenden Damen aufgefordert, ganz schnell und auf der Stelle mit Tante Gerda Bickbeer pflücken zu gehen, solange noch kein Förster in der Nähe war.
Das Bickbeer-Lied ist schon deswegen nicht unkompli-

* Dazu teilt die Firma Rudolf Karstadt freundlicherweise mit: »Die Beantwortung Ihres Schreibens vom 10. dieses Monats hat sich dadurch verzögert, daß wir ehemalige Mitarbeiter ausfindig machen mußten, die zu der von Ihnen gestellten Frage Auskunft geben können. Das ist uns inzwischen gelungen. Es hat in der Tat einen Dachgarten auf unserem Hause Hamburg-Barmbek, Hamburger Straße, gegeben. Dieser Dachgarten hatte etwa 400 Sitzplätze. Es gastierten in diesem Restaurant alle berühmten Tanzorchester der damaligen Zeit, angefangen von Bernhard Etté bis Darius Béla usw.«

ziert, weil es einerseits um junge Förster geht – dann ganz plötzlich auch um einen alten Förster, um grüne Wälder und dann eben auch um Bickbeeren und das damit verbundene Verbot, überhaupt welche zu pflücken. Ich stelle den Text im folgenden zur Diskussion:

1. Strophe
»Jetzt wolln wir Bickbeern pflücken gehn,
in dem grünen, grünen Wald.
Wolln in den grünen Walde gehn,
wo die vielen, vielen Bickbeern stehn,
in dem grünen, in dem grünen,
in dem grünen Wald.«

2. Strophe
(betr. Bickbeerpflückverbot und rachsüchtige Altförsterpsyche)
»Das Bickbeerpflücken darf man nicht,
in dem grünen, grünen Wald;
denn der Förster ist ein böser Mann,
der zeigt die jungen Mädchen an,
in dem grünen ...« usw.

3. Strophe
(betr. Problem junger unverheirateter Förster, die dazu neigen, die Sucht des Bickbeerpflückens auszunutzen und aufgrund dieser Tatsache junge Mädchen zu erpressen)

Lissi vom
Uhlenborn
DAS-DEUTSCHE-DAMEN-SCHAU-ORCHESTER
61955

»Ein alter Förster ist nicht schlimm,
in dem grünen, grünen Wald.
Doch wen der junge Förster *kriecht*,
der behält sein grünes Kränzlein *nicht*,
in dem grünen, in dem grünen,
in dem grünen Wald.«

4. Strophe
(Fazit übers Bickbeerpflücken an sich:
Ob es sich lohnt und was man für die paar
Beeren hergeben muß)
»Mein Kränzlein hab ich längst nicht mehr,
in dem grünen, grünen Wald.

Auf der Rückseite dieser Postkarte an Gerda 1936 schreibt der Kapellmeister des Karstadter Damenschau-Orchesters: »Liebe Gerda! Eine Dame ist leider an Grippe erkrankt, deswegen frage ich an, ob du am 1. Jan. 37 einen Monat mit möchtest nach Landsberg a. d. W. Schreibe mir bitte umgehend Rückantwort. Die Hin- u. Rückreise zahle ich für dich, und Gage biete ich dir Rm. 150.–. Auch kommen noch etliche Überstunden hinzu. Also liebe Gerda, schreibe uns bitte gleich wieder, ob du kommen kannst? Wir verbleiben mit den besten Grüßen dein W. H. u. L. Chemnitz, Reitbahnstraße 12 bei Frankenfeld.«

Denn als ich Bickbeern pflücken tat,
der Förster mich gefangen hat,
in dem grünen, in dem grünen ...« usw.

Dieses Volkslied ist offensichtlich in gewisser Weise eine Verunglimpfung des Försterstandes, und man muß sich wundern, daß gerade ein Mann wie Hermann Löns so unüberlegt über diesen Stand schrieb. Er hätte es besser wissen müssen. Schließlich lebte er ständig in Wald und Heide und wußte nur zu gut über die Situation der Förster Bescheid. Daß Löns selber in Fragen der Erotik mit seinen jeweiligen wechselnden Partnerinnen nicht gerade korrekt verfuhr, wissen wir inzwischen – aber schließlich mußte er doch nicht die eigene Triebhaftigkeit jedem Förster seiner Umgebung anlasten.
Meine Tante Gerda jedenfalls trifft keine Schuld – sie sang dieses Lied völlig arglos und in bestem Glauben. Zwei Jahre lang geigte und sang sie erfolgreich im Karstädter Damenorchester, ging sogar auf Tournee in die Karstadt-Filialen zwischen Köln und München, und weil sie auch noch sehr schön rezitierte, durfte sie vor jedem Konzert dem bereitwilligen Kuchenpublikum zur Anregung den Leitspruch des Karstädter Damenorchesters vortragen:

»Bei Karstadt auf dem *Dach*,
da gibt es, was der Magen *mach* ...«

Gerdas Bewerbungsfoto, von Eugen gerahmt. Auf die Rückseite hat Gerda geschrieben: »Dir, Du lieber Eugen, von Deiner Gerda, Berlin Juni 1937.«

Wohl über fünfhundert Mal sagte Tante Gerda diesen Spruch auf und gestaltete ihn. Dann aber fiel auf den Dachgarten Rudolf Karstadts eine Bombe, und wenig später wurde auch Tante Gerda von einer Bombe getroffen.

»Man muß bedenken«, sagte meine Großmutter Hermine, »wenn die Bomben nicht gekommen wären, dann hätte Gerda eine große Karriere gemacht. Es gab schon ein Angebot von Café Kranzler in Berlin, aber das konnte sie dann nicht mehr annehmen. Wäre wohl auch nicht viel dabei 'rausgekommen, denn eine Woche später war Kranzler ja auch kaputt.«

9. Ingeborg-Elsbeth

Als meine Mutter Ingeborg Beginnen anfing, sich mit der Musik zu beschäftigen, sah alles noch ganz positiv aus. Ihre Statur war kräftig – ein gutes Fundament für eine tragende Stimme –, wurde später allerdings wegen eines erblich bedingten Schilddrüsenleidens immer kräftiger. Ingeborg hatte keine große Stimme, dafür aber eine sehr ausdrucksvolle. Insgesamt gesehen sprach alles dafür, eine gesangliche Karriere anzustreben. Außerdem stand die Familie voll hinter ihr, besonders Vater Jacob.

So eine Gesangsausbildung mußte natürlich finanziert werden, und dieses Geld konnte Jacob kaum aufbringen, denn sehr hoch war sein Verdienst bei der Firma Merckel ja leider nicht – also lernte Ingeborg erst einmal einen vernünftigen Beruf. Sie wurde Telefonistin bei einer Eisenfirma. Sehr bald sprach es sich herum, daß Ingeborg Beginnen von allen dort beschäftigten Telefonistinnen die angenehmste Stimme hatte, was schon mal ein weiterer Punkt war, der ihr Talent bestätigte.

Durch diese andauernde schöne Bestätigung ihrer melodischen Fähigkeiten befand Ingeborg endlich nach zwei Jahren Telefondienst, daß es nun an der Zeit sei, etwas Entscheidendes für ihre Gesangskarriere zu tun. Sie begann also kurz entschlossen Gesangsunterricht zu nehmen, bei Alma Steiner, einer siebzigjährigen Pädagogin, die in einem Hamburger Altersheim lebte und nahezu erblindet war, aber, davon abgesehen, sehr rüstig und durchaus fähig, Ingeborg die notwendigen gesanglichen Grundlagen zu vermitteln. Das wußte diese durchaus zu nutzen, und dank ihrer Eigeninitiative war sie bald ein gerngesehenes Mitglied im Chor der St.-Petri-Kirche. So blieb es nicht aus, daß sich ihre professionelle Begabung herumsprach. Es gab kaum eine Trauung in St. Petri, die sie nicht durch ein Solo verschönte, kaum einen prominenten Verstorbenen, dem sie nicht ein letztes Lied mit auf den Weg gab.
Sie war auf dem besten Wege, eine angesehene Oratoriensängerin zu werden, als ich mich ankündigte, um endlich die Tradition der illegitimen Kinder fortzusetzen. Fünf Monate lang machte ich noch sozusagen Telefondienst in der Eisenfirma mit, erlebte fremde Hoch-

Telefonistinnen an ihrem Arbeitsplatz in Berlin 1910. Man darf wohl annehmen, daß die Räume lange Zeit nicht modernisiert wurden.

zeiten oder beerdigte, wenn es sich so ergab. Dann mußte Ingeborg alles ihrer Mutter Hermine beichten, die, wie wir wissen, ein streng moralischer Mensch war. Als sich Inges Zustand nicht mehr verbergen ließ, verbot Hermine ihr wegen der Schande und der Nachbarn, tagsüber oder überhaupt bei Licht die Wohnung zu verlassen. Nur um Mitternacht irrte Ingeborg manchmal um den Häuserblock, geängstigt von jeder Gardine, die sich bewegte. Ich bin überzeugt, daß ich durch diese nächtlichen Wanderungen meiner Mutter heute noch unter meiner Nachtblindheit zu leiden habe.

Vater Jacob sollte von der schrecklichen Tatsache einer unehelichen Geburt so lange wie möglich verschont bleiben, und sobald es dunkel wurde, stellte Hermine eine sehr kleine Lampe auf den Küchentisch, deren winziger Lichtkreis nur gerade die Gesichter beleuchtete, aber alle anderen Formen im Dunkeln ließ. Auf diese Weise war der arme Jacob Egidius natürlich sehr überrascht, als Hermine und Ingeborg eines Abends Anfang Februar plötzlich aufstanden, einen kleinen Koffer nahmen und sagten:

»Es ist nun soweit.«

Und das war ich dann.

Für Jacob war es anfänglich sicher etwas schwierig, sich mit der Tatsache zu befreunden, daß er innerhalb so kurzer Zeit eine großväterliche Einstellung zu mir finden mußte. Er war aber gutartig und ergab sich ziemlich schnell in die neue Situation. Überraschend war ich natürlich auch für die Nachbarschaft, die mit den undefinierbaren neuen Geräuschen, die aus der Wohnung Beginnen kamen, zunächst nichts anfangen konnte. Endlich entschloß sich die beschämte Hermine zu einer scheinbaren Aufklärung, indem sie sagte, dies sei ein Enkelkind, was da so schrie, allerdings ein Kind von Gerda, was sich viel besser anhörte, denn Gerda war ja mit Eugen verheiratet und durfte.

So schob mich Gerda ein gutes halbes Jahr durch den Bezirk Winterhude und gab mich krampfhaft lächelnd als ihr Erstgeborenes aus, worüber Eugen immer ziemlich wütend war. Allerdings ging das nicht sehr lange gut. Denn als ich fünf Monate alt war, war auch Tante Gerda von Onkel Eugen im dritten Monat, und sie konnte ja unmöglich in so kurzem Abstand ein zweites Kind kriegen.

So mußte nun alles gestanden werden, obwohl die Nachbarschaft nicht mehr lange Gelegenheit hatte, sich für meine Herkunft zu interessieren. Kurz danach reisten Hermine und Jacob mit mir nach Thüringen, um mich vor Kriegs- und anderen Gefahren in Sicherheit zu bringen und weil es dringend notwendig schien, daß ich ein anonymer Säugling blieb.

Meine Mutter Ingeborg entschloß sich, nun doch noch zu ergründen, welche gesanglichen Möglichkeiten es für sie gab. Ein erster schöner Erfolg war ein Engagement am Stadttheater Elbing (damals Ostpreußen), und zwar als Choristin mit Soloverpflichtung. Ihr erstes Solo war die

Tante Gerda mit Ortrud im Kinderwagen 1938 in Hamburg-Winterhude.

Zweite Dame im »Tannhäuser«, und darüber hinaus war sie überwiegend im Bewegungschor tätig. Von hier aus war es nach zwei Jahren der Bewährung nur noch ein Schritt an die Deutsche Frontoper in Lille/Frankreich.
In Lille befand sich damals, 1942/43, diese Filiale der Oper des Deutschen Reiches – aus Gründen kultureller Aufbereitung. Hierher nun wurde Ingeborg engagiert, ebenfalls als Choristin mit Soloverpflichtung. Diesmal sang sie aber schon die Erste Dame im »Tannhäuser« und um Weihnachten herum die Freundin von Gretel in der Inszenierung von »Hänsel und Gretel« nach Humperdinck. Darüber hinaus gab sie einen Soloabend vor deutschen Eisenbahnern in Nancy, sogar in Anwesenheit des Cousins von Joseph Goebbels. Falls Ingeborg im Dritten Reich jemals Unrechtes tat, so hatte sie jetzt ihren kulturellen Beitrag an der Sache abgeleistet, und man darf auch nicht vergessen, daß sie mir die wunderbar nordischen Namen Ortrud Elsa Elisabeth mit auf den Weg gab. Es waren durchaus andere Möglichkeiten denkbar, die zu dieser Zeit nicht so gut geklungen hätten.
Im Frühjahr 1944 stand Ingeborg kurz vor einem entscheidenden Punkt ihrer Karriere. Die Frontoper Lille besetzte sie in der Operette »Der fidele Bauer« mit der Partie des Heinerle – eigentlich war das eine Rolle für einen zehnjährigen Knaben. Die deutschen Kinder waren aber inzwischen schon alle aus dem besetzten Frankreich nach Deutschland zurückgeschickt worden, und so

sah Ingeborg ihre Chance. Leider wieder zu spät. Die alliierte Invasion kam, die Frontoper Lille wurde geschlossen, Ingeborg mußte heim ins Reich.
So kam sie ziemlich deprimiert nach Gößnitz. Sie hatte außerdem noch einen neuen Onkel zurücklassen müssen, einen Feldwebel und Zahlmeister namens »Walther« mit h – um den es aber nicht schade war, denn später trat sie in briefliche Korrespondenz mit seiner Witwe, die ihr einigermaßen freundlich mitteilte, daß sie an und für sich mit dem Feldwebel Walther F. verheiratet sei, was er wahrscheinlich infolge Kriegseinwirkung vergessen habe. Aber das tat dann ja nichts mehr zur Sache. Hermine sagte gleich, daß die Kugel ihn nur getroffen habe, weil es nie gut ausgeht, wenn man Frau und Kind verleugnet.
So lebten wir also fast ein Jahr lang beinahe wie eine vollständige Familie in Gößnitz. Ingeborg fuhr zwischendurch in das nahegelegene Weimar und versuchte dort vergeblich Kontakt mit der Oper herzustellen. Viel tat sich aber nicht mehr. Der Damenchor war überwiegend in der Rüstungsindustrie tätig und lötete Scheinwerfer für Panzer oder übte sich im Handgranatenwerfen für den Notfall. Nachdem Ingeborg eine Woche lang

Ingeborg, rechts, in Lille 1942 mit einem Esel aus dem Opern-Fundus und zwei Kolleginnen.

mitgelötet hatte in der Hoffnung, von dort aus einen Absprung in den Weimarer Damenchor zu finden, kam sie zurück nach Gößnitz und stellte fest:
»Am besten, ich warte jetzt mal auf die Amerikaner.«
Es wurde nichts mit der Förderung durch die Amerikaner. Die Russen kamen nach Gößnitz, wir wurden evakuiert, und Ingeborg ging nach Hamburg, denn viele Frauen der Familien Böttcher/Beginnen hatten in Hamburg schon mehr oder auch weniger Erfolg gehabt. Ziemlich schnell fand Ingeborg ein Engagement in einem Zelt auf dem Heiligengeistfeld – das ist ein Vergnügungsplatz in der Nähe von St. Pauli. Hier versuchte man eifrig, die deutsche Operette wiederzubeleben. Im eisigen Winter 1947 gab Ingeborg dort ihr Debüt in »Blume von Hawaii« – etwas fröstelnd allerdings, aber als Zweites Hawaii-Mädchen – mit Umbesetzungsmöglichkeit zum Ersten Hawaii-Mädchen. Wenig später vernichtete ein Großfeuer diese neue Wirkungsstätte.
Danach ist nicht mehr viel zu berichten von der Karriere meiner Mutter Ingeborg. Hier und da sang sie noch dies oder jenes. Aber das Arbeitsamt wollte sie nicht mehr so recht unterstützen, und schließlich wurde sie zur Fakturistin umgeschult – so fand sie sich eines Tages wiederum in einer Eisenfirma.
Das ist nun auch vorbei. Manchmal besucht sie mich im Theater, sieht sich die Vorstellung an und ist immer ein bißchen deprimiert, wenn die Zuschauer über mich lachen.

Ingeborg, ganz links, 1947 als Zweites Hawaii-Mädchen in der Operette »Die Blume von Hawaii« auf dem Heiligengeistfeld in Hamburg: Szenenfoto.

»Sehen Sie«, sagte sie unlängst während der Pause zu einer Dame, »ich wollte immer, daß meine Tochter eine Iphigenie wird. Aber ich weiß schon, die lassen uns nicht.«
Ich weiß auch nicht, wer *die* sind; aber irgendwas wird schon dran sein.

Ingeborg als Erste Dame in Wagners »Tannhäuser« bei der Frontoper in Lille 1943.

10. Erster Silberblick

Als ich vier Wochen alt war, betrachtete mich eine Freundin meiner Mutter eingehend und sagte dann: »Guck mal, *der* schielt ja!«
Folglich habe ich wohl nicht wie ein entzückendes kleines Mädchen ausgesehen, sondern wurde eher für einen etwas deformierten Knaben gehalten. Erst als ich zwei Jahre alt war, wuchsen mir endlich Haare auf dem Kopf, dafür dann allerdings für alle Zeiten um so mehr. Ich war sogar unerklärlicherweise blond, obwohl ich nie einen blonden Charakter hatte. Irgendwie paßte ich nicht ganz richtig zusammen. Bettnässer war ich aber nie, obwohl dies wahrscheinlich durchaus harmoniert hätte, denn ich war selbstverständlich ein neurotisches Kleinkind. Dafür kamen meine ersten Zähne ungewöhnlich spät – ich war schon fast zwei Jahre alt.
Zum Schrecken meiner Großmutter Hermine waren die Vorderzähne leicht bräunlich – was sich später bei den zweiten Zähnen wiederholte. Diese zweiten Zähne behielt ich übrigens bis zu meinem dreißigsten Lebensjahr,

Jacob und Ortrud 1939 auf dem Friedhof Hamburg-Ohlsdorf.

und wenn ich mich auf der Bühne verbeugte – falls ein Anlaß dazu war –, hatte ich immer ein stilles, etwas schmerzliches Lächeln um die geschlossenen Lippen, das aber in Wirklichkeit meinen Zahnfehler verbergen sollte. Jahre später gewährte mir die Berliner Disconto-Bank einen Zahnkredit in Höhe von dreieinhalbtausend Mark, den ich in zwei Jahren abzahlte. Seitdem ist mein Lächeln nicht mehr so schmerzlich. Aber das war ja, wie gesagt, alles viel später. Immerhin war meine Großmutter Hermine mit dem Zustand meiner Zähne zufrieden.

»Gott sei Dank«, sagte sie, »mit den Zähnen kann das Kind einfach nicht Sängerin werden.«

Sie wußte noch nicht, daß ich eines Tages Schauspielerin werden würde.

Die ersten fast glücklichen Jahre meiner Kindheit verbrachte ich – wie schon erwähnt – mit den Großeltern in Gößnitz in Thüringen. Wilhelmine, die Cousine meiner Großmutter Hermine, war dort die Frau Pfarrer und eine geachtete Persönlichkeit. Dreizehn Kinder hatte sie mit ihrem verstorbenen Mann gezeugt, von denen drei tot geboren worden waren. Wilhelmine hätte immer zu gern gewußt, was aus denen wohl geworden wäre, wenn sie am Leben geblieben wären. Cousine Wilhelmine war ein freundlicher, gütiger Mensch, so wie man sich eine Pfarrfrau eben vorzustellen hat.

Nicht so ihre Tochter Hildegard, eine kräftige Brünette, die mit dem Nachfolger von Wilhelmines verstorbenem

Mann verheiratet war. Hildegards fünfjähriger Sohn Heini war ziemlich häßlich. Der Kopf war einfach zu groß auf diesem kleinen Körper – obwohl ich dies damals für ein Zeichen von Intelligenz hielt. Ich hätte auch sehr gern mit Heini gespielt, aber ich war ein schlechter Umgang, wie Hildegard sagte. Eben das Kind von dieser Sängerin. Ich hatte auch keinen so betonten Kopf wie Heini, sondern war absonderlich dünn, was man für eine schleichende Blutkrankheit hielt, die vielleicht sogar ansteckend sei.

Heini ist später Elektriker geworden und leider früh verstorben, als er einen Elektromast bei Magdeburg reparierte und nie wieder heil nach unten kam. Ich nehme aber an, daß ich mit Heini nicht viel versäumt habe.

Als ich nun meine zweiten braunen Zähne hatte und der Krieg zu Ende war, verließ ich mit Großmutter Hermine und Großvater Jacob das liebe Gößnitz. Mitte März 1946 wurden wir umgesiedelt nach Schleswig-Holstein, ein urdeutscher Landstrich, der mir für immer in unvergessener Erinnerung geblieben ist. Die Gegend war und ist ja sehr schön – viele Kühe und weites Land –, die Ureinwohner karg im Ausdruck, aber rechtschaffen, obwohl man sagen muß, daß sie größtenteils unmusikalisch sind. Dies dürfte aber zusammenhängen mit dem ewigen Rauschen des Meeres, das wohl auf die Dauer jedes Ohr etwas betäubt.

Der kleine Ort in Schleswig-Holstein, in dem wir nun ansiedelten, hieß Innien und liegt bei Heide in Holstein.

(Wer Heide in Holstein nicht kennt, weiß aber ganz bestimmt, wo Neumünster liegt, ein Ort, auf den zurückzukommen ich schon einmal versprochen habe.) Innien war Anfang 1946 – so muß man wohl sagen – ein Dorf. Ich sage »war«, um das Innien von heute nicht zu kränken, denn inzwischen zählt es bedeutend mehr Einwohner – und hat eine Badeanstalt und eine Mittelschule.
Wir thüringischen Flüchtlinge nun wurden zwangseingewiesen bei dem Mühlenbesitzer Siems und hatten einen recht hübschen Raum unmittelbar neben dem Kuhstall. Ich muß zugeben, daß ich den Müllersleuten etwas suspekt erschien. Erstens die Tatsache meiner bleichen anämischen Erscheinung, dann aber auch ein leichtes Schielen – was sich in späteren Jahren bis auf einen sogenannten Silberblick reduzierte. Von der Mutter – geschweige denn Vater – dieses Kindes wußte man auch so gut wie nichts, nur daß sie eben im unbeschreiblich weit entfernten Hamburg Dinge trieb, die sich nicht genau definieren ließen, die aber angeblich mit Gesang zusammenhingen. Wie also sollte ich mich vor diesen braven Leuten rehabilitieren? – daran lag mir doch schließlich.
Aber es gab die Melkerin Waltraud – auch ein Flüchtling –, die mir irgendwie zugetan war. Waltraud nahm mich mit zu den Kühen auf die Weide, um mir das Melken beizubringen, eine Fähigkeit, die, wenn sie gekonnt ist, grundsätzlich Vertrauen einflößt, bei Menschen wie dann auch bei Kühen. Natürlich durfte ich sofort mel-

ken. Zuerst hielt ich die heftig um sich schlagenden Kuhschwänze fest, nach drei Monaten durfte ich melken und nach weiteren zwei Monaten meine erste eigene Kuh leermachen. Ich wußte zwar auch nicht mehr, woher ich das Lied eigentlich hatte, aber diese Kuh liebte mich einfach, weil ich ihr beim Ausmelken ständig ihre Lieblingsmelodie vorsang, und das war »Tea for two«. So bewährte ich mich also und erhoffte Anerkennung von Müller Siems und seiner Frau.

Die Innier Volksschule hingegen wollte mich einfach nicht so richtig freuen. Fräulein Jensen, meine Klassenlehrerin, war eine rüstige zweiundsechzigjährige Flensburgerin, die mich partout nicht liebhaben wollte. Ich konnte nicht rechnen, ich war unfähig zu irgendeiner Handarbeit, von Schönschrift konnte nicht die Rede sein – ich konnte nur sehr gut lesen, eine Tatsache, die mich erst recht verdächtig machte.

Inzwischen war ich zehn Jahre alt geworden und hatte noch immer keinen Busen, ein grundlegendes Manko in Schleswig-Holstein; denn in diesem Alter hat man dort einfach einen Busen und den ersten Freund. Manchmal ist das auch der ältere Bruder – in Innien kam das jedenfalls vor, wie ich von meiner Schulfreundin Fricka wußte.

Einen Busen hatte ich also nicht. Dafür leistete ich Positives im Kirchenchor, geleitet durch den Organisten Ludwig Brandenburg. Bis heute ist es mir nicht klar, warum wir für das Singen auf einer Hochzeit nur eine

Ortrud im Alter von zwölf Jahren zwischen Hermine und Jacob in Innien/Schleswig-Holstein 1950.

Mark bekamen, bei Beerdigungen aber anderthalb. Möglicherweise deswegen, weil wir auf Beerdigungen auch bei Eis und Schnee fröstelnd im Hintergrund des Grabes stehen und dem Verstorbenen auf Wunsch der Angehörigen ein letztes Lied singen mußten. Das war natürlich anstrengender, als in der einigermaßen geheizten Kirche neben der Orgel zu sitzen. Oktober bis Februar waren immer gute Monate für mich, weil es bis zu vier Beerdigungen in der Woche gab. Das bedeutete Taschengeld in Höhe von etwa zwanzig Mark im Monat. Ab März wurde es dann uninteressanter, und die Hochzeiten im April, Mai, Juni waren längst nicht so lukrativ.

Es kam die Zeit der Umschulung für mich. Fräulein Jensen war in den verdienten Ruhestand getreten, und mein neuer Klassenlehrer zeigte sich mir gegenüber etwas aufgeschlossener. Irgendwie traute er mir eine weiterführende Schule zu. So attackierte ich Großmutter Hermine täglich mit dem Wunsche, wir müßten nun in eine Großstadt ziehen, denn es sei Zeit, daß ich meine Bildung vervollständigte. Hermine wollte nicht so recht, Großvater Jacob war aber dafür. Und so packten wir eines Tages unsere wenigen Möbel ein und zogen nach Neumünster. Richtiger gesagt, nach Gadeland bei Neumünster. Das war auch keine Idylle.

11. Maria

Neumünster ist eine ziemlich herbe Stadt. Ein Hauch von Textilfabriken liegt ständig darüber, und man braucht lange, um die nicht minder herben Menschen dort für sich zu gewinnen. Mir ist es nie gelungen. Immerhin hatte Neumünster eine höhere Schule, streng getrennt nach Knaben und Mädchen selbstverständlich. Jeden Morgen fuhr ich fünfzehn Kilometer mit dem Fahrrad in meine Schule, und jeden Morgen versuchte ich es aufs neue, eine beliebte Schülerin zu werden.

Beliebt – das war das Zauberwort. Aber es war schwer für mich, Herzen zu gewinnen – ich war eben einfach nicht als niedlich zu bezeichnen. Um meine für eine Zehnjährige abnorme Größe von 1 Meter 62 zu kaschieren, hatte ich mir eine sehr gebeugte Haltung angewöhnt, die ein Arzt als Scheuermannsche Krankheit bezeichnete. Gern hätte ich einen sehr blonden Pferdeschwanz gehabt, an dem Jungs ziehen. Meine Haarfarbe war aber undefinierbar, und die Haare standen wie ein undurchdringliches Gebüsch um meinen Kopf. Meine

Nase war bereits ziemlich groß und ausgeprägt, obwohl man von einer Zehnjährigen doch erwarten darf, daß alles an ihr noch zierlich ist. Also mit anderen Worten: Ich war nicht zum Anbeißen.

Wie konnte ich es nun irgendwie zu einem gewissen Ansehen bringen? Das war eigentlich nur durch den Schulchor zu erreichen. Der Schulchor war eine Institution, die sich aus dem Neumünsteraner Kulturleben einfach nicht wegdenken ließ. Bei allen offiziellen Festlichkeiten trat der Chor in Erscheinung. Kein Turnfest, kein Weihnachten, kein Besuch des schleswig-holsteinischen Ministerpräsidenten ohne Chor! Man war nur durch den Schulchor mit dabei, sonst stand man auf der Abseite.

Ich war nicht im Schulchor, ich bin auch nie reingekommen. Der Chorleiter war ein gutartiger Mensch, aber er sagte einfach, ich hätte keine Stimme.

»Es ist keine Höhe da und keine richtige Tiefe, ich weiß einfach nicht, wie ich dich einsetzen soll«, sagte er mir.

Mein Großvater war immer äußerst verärgert über diesen Musiklehrer:

»Der hat keine Ahnung. Alle in unserer Familie können singen. Denk doch nur an mich oder deine Mutter.«

Da hatte er sicher recht. Aber wie sollte ich aufgrund dieser feststehenden Tatsachen meinen Musiklehrer davon überzeugen, daß er seine Meinung ändern müsse? Jedenfalls habe ich ihm letzten Endes geglaubt und viele Jahre lang niemand mehr mit meinem Gesang belästigt.

So ging es immer noch darum, wie ich eine beliebte Schülerin werden konnte. Der Chor fiel nun weg, um hervorzustechen. Allerdings schrieb ich sehr schöne Aufsätze, sagten meine Lehrer. Besonders poetisch und treffend ließ ich mich immer nachträglich über Schulwanderungen aus, obwohl ich diese Ausflüge abgrundtief haßte. So ließ ich beispielsweise am Einfelder See »violette Veilchen erblühen«, sah einen »glutroten Strand« oder eine »schimmernde Sonne« (oder umgekehrt).
Dazu muß man sagen, daß in der Tat viel Phantasie dazu gehört, den Einfelder See zu verherrlichen, so idyllisch ist er nun auch wieder nicht. Außerdem wäre ich dort beinahe ertrunken, als mich zwei fettsüchtige Einfelder Knaben nur so zum Spaß eine Minute unter Wasser zogen. Noch heute kann ich nur mit einem Autoschlauch um die Hüften in tiefes Wasser gehen, und auch zu diesem System habe ich erst seit dem Sommer 1974 Vertrauen.
Meine Lehrer waren mir jedenfalls für die verklärende Beschreibung des Einfelder Sees dankbar. Alles ließ sich aber auch nicht durch Aufsätze erreichen. Mir brach fast das Herz, als der Musiklehrer die öffentliche Aufführung der Kinderoper »Der Igel als Bräutigam« ankündigte. Natürlich durfte ich weder den Hauptigel singen noch die wirklich sehr kleine Partie der Igelmutter. Ich wurde, wie jedes Jahr, auf die Weihnachtsfeier vertröstet.
Doch tatsächlich, Mitte November bat mich der Chor-

leiter zu einem Gespräch. Natürlich dachte ich, er würde mir wieder einmal irgendwas Trostreiches sagen, weshalb ich auch in diesem Jahr wieder nicht dabei wäre. Es kam anders.

»Wir haben lange überlegt«, teilte er mir mit, »aber wir können es wohl verantworten, wenn du in diesem Jahr die Jungfrau Maria im Krippenspiel bist. Deine Stimme reicht zwar nicht, aber dafür hast du ja kein bißchen Fleisch auf den Knochen, und die Maria muß im Gesicht so arm wie möglich aussehen.«

Ich konnte es fast nicht glauben. Sollte es sich wirklich zum erstenmal als Vorteil für mich herausstellen, daß ich die etwas ironisch gemeinten Spitznamen Spargel oder auch Storch im Salat trug?

Auf den Proben ging wirklich alles ganz gut. Ich sang leidlich, vergriff mich nur wenige Male im Ton und machte die ganze Zeit ein lobenswert leidgeprüftes Gesicht, was nicht so sehr damit zusammenhing, daß ich mich zu stark mit der Marien-Rolle identifiziert hätte.

Der Tag der Aufführung kam. Fast vierhundert Schülerinnen mit Eltern hatten sich in der Turnhalle versammelt. Eine Stunde lang saß ich, angestrahlt von zwei Hundert-Watt-Glühbirnen, als Maria auf der Bühne und guckte möglichst innig. Vor mir stand die Krippe mit einer installierten roten Sechzig-Watt-Birne, die den leuchtenden Kopf eines neugeborenen Christkindes demonstrieren sollte. Eine Stunde lang durfte ich nicht den Mund aufmachen, während um mich herum die Hei-

ligen Drei Könige jubilierten, Engel jauchzten und eine dicke blonde Mitschülerin behauptete, sie sei das fast verhungerte Sterntalerkind. Sie war aber die Tochter des Molkereibesitzers und hieß Heike. Nur ich war durchgehend zum Schweigen verdonnert, weil ich durch die eben erlebte Geburt beseligt aussehen mußte.
Endlich war es soweit, daß ich mein Solo anbringen durfte. Ich fing also an:

»Auf'm Berge, da wehet der Wind,
da wiegt die Maria ihr Kind.
Sie wiegt es mit ihrer hochheiligen Hand,
sie braucht dazu kein Wiegenband,
Eia, Eia ...«

Da war die Batterie am Ende, das Jesus-Köpfchen erlosch. Ich drückte noch ein paarmal verzweifelt auf den Kontaktknopf, aber das Kind wollte einfach nicht mehr leuchten. So sang ich denn die letzte Strophe ohne Rotlicht, was viel von der Stimmung weggenommen haben soll. Mein Musiklehrer sagte mir das auch sehr ehrlich: »Die Stimme allein trägt bei dir nicht. Nur wenn du mit dem Gesicht irgendwas dazu machst, wird es besser.« Das habe ich mir gemerkt.

12. Struwwelpeter

Ein richtiger durchschlagender Erfolg war also mein Auftritt als Maria nicht, und es war nicht anzunehmen, daß man mir ohne weiteres und freiwillig andere Möglichkeiten bieten würde. So beschloß ich, selbst die Initiative zu ergreifen. Es mußte natürlich etwas sein, das zu mir paßte. Eine verwunschene Prinzessin oder ähnliches konnte es jedenfalls nicht sein, denn ich war trotz meiner zwölf Jahre eine bereits 1 Meter 65 große Erscheinung. Außerdem veranlaßte ich infolge meiner schlanken Figur meine Mitschüler unentwegt zu lustigen Bemerkungen wie: »Eine große Dürre brach in das Land ein« oder zu der Anfrage: »Wie ist denn die Luft bei dir da oben?«
Aber plötzlich hatte ich die Idee, daß es der Struwwelpeter sein müsse – der war mir doch wie auf den Leib geschrieben. Kurz entschlossen setzte ich mich hin und fing an, den gesamten Text für die Bühne zu bearbeiten. Allmählich wurde mir jedoch klar, daß die Rolle des Struwwelpeter nicht sehr groß war – er geht gewisser-

maßen gleich am Anfang wieder ab, und das mußte nun auf jeden Fall vermieden werden. So ließ ich ihn denn jeweils als ratgebende Person zwischen Paulinchen, Hans im Glück oder Suppenkaspar auftreten, was die Rolle im allgemeinen wie im besonderen – für meine Lehrer ganz unerwartet – vergrößerte. Insgeheim hatten sie schon aufgeatmet, weil sie mich im Geiste nur sehr kurz auf der Bühne gesehen hatten. Ich beruhigte aber alle insofern, als ich erklärte, daß ich die Zwischentexte ja keineswegs singen, sondern nur ganz locker dazwischen sprechen wollte. Sie konnten dies nicht mehr ablehnen, weil ja schließlich alles meine Idee gewesen war.

In der Generalprobe gab es noch mal ein furchtbares Geheul meiner Mitschülerinnen, die sich weigerten, sich mit allen zur Verfügung stehenden Buntstiften Gesicht und Hände zu bemalen. »Nur Huren malen sich an«, hatte ein Bäckermeister zu seiner Tochter gesagt und wollte sie deswegen im Notfall sogar von der Schule nehmen. Ich bestand trotzdem auf der Bemalung, weil es sonst, wie ich erklärte, überhaupt kein richtiges Theater war. Ich habe mir jedenfalls mit Genuß sogar die Füße angestrichen, obwohl sie niemand sah.

Die Aufführung wurde ein voller Erfolg, und der »Holsteinische Curier« schrieb eine Kritik, in der ich namentlich als Talent hervorgehoben wurde. Das war noch nie dagewesen, daß eine zwölfjährige Schülerin in der Neumünsterschen Tageszeitung erwähnt wurde. Diese Tat-

sache hatte derartige Auswirkungen, daß meine Großmutter beim Abholen ihrer Rente von der Dame am Postschalter gefragt wurde, ob sie die Großmutter vom Struwwelpeter wäre.
Aber man wird leicht vergessen in Neumünster. Ich hatte geglaubt, daß sich meine Leistung als Struwwelpeter für immer eingeprägt hätte. Leider nicht. 1974 wurde der Theatertruppe Action-Theatre, in der ich mitspielte, eine ausgesprochene Abfuhr vom Kulturamt Neumünster zuteil.
»Sehen Sie mal«, sagte mir der Stadtjugendpfleger Krause am Telefon, »hier in Neumünster kennen Sie nur so 'n paar Fachleute. Da kommt kein Mensch.«
Die Turnhalle habe ich aber 1952 zweimal gefüllt, Herr Krause! Und das nachmittags!
Also es war ein Erfolg, aber es dauerte vierzehn Jahre, bis ich mich zum zweitenmal öffentlich produzieren durfte.
Allerdings will ich ein kurzes Zwischenspiel bei der Niederdeutschen Bühne in Neumünster nicht unterschlagen. Der Arzt, der mich wegen meiner chronischen Blutarmut behandelte, war Leiter dieses Unternehmens. Er wußte auch von meinem mächtigen Drang zu den schönen Künsten. Vielleicht wollte er mir eine Freude machen, möglicherweise wollte er mich auch von einer fixen Idee heilen. Es gelang ihm tatsächlich, mich in einem Stück unterzubringen, das den Titel »De Dod kümmt nach Eckernförde« hatte.

Ortrud als Struwwelpeter in Neumünster 1951.

Leichtsinnigerweise hatte ich erzählt, daß mir meine Mutter eine sehr schöne Stimme vererbt habe. Jedenfalls hatte ich eine reiche Hoferbin zu spielen, die unter bösen Erscheinungen leidet, weil sie ihren eigenen Bruder gemeuchelt hat, um an seiner Stelle das Hoferbe anzutreten. Um nun diese bösen Erscheinungen zu vertreiben, die Tag und Nacht um sie herumschwirren, versucht sie diese mittels ausdauerndem und heftigstem Gesang zu vertreiben. Und hofft natürlich auch, dadurch selbst auf positivere Gedanken zu kommen.
Solange ich Gelegenheit hatte, die bösen Ängste, die mich bedrohten, nur vermittels meines Gesichts auszudrücken, war alles recht wirkungsvoll, was mir ja mein Musiklehrer schon immer gesagt hatte. Aber bereits das zweite Lied, das ich zu singen hatte, konnten die Bauern von Großkummerfeld, wo wir gastierten, nicht mehr durchhalten. Es war ein sehr beseeltes Liebeslied in plattdeutscher Sprache:

»Dat du min Leevsten büst,
dat du wul weeßt.
Kumm bi de Nacht,
kumm bi de Nacht,
segg mi wat Leevs!
Kumm bi de Nacht,
kumm bi de Nacht,
segg mi wat Leevs!«

Da ertönte Volkesstimme von unten:
»Sech ehr dat man lever nich, de hat ja gar keen Bussen.«
Der Busenmangel wirkte sich wieder einmal negativ aus. Ich versuchte es zwar noch einmal, aber umsonst.
Wieder eine Stimme von unten:
»Du speel man better den Dod, büscha man sowieso bloss 'ne Knochenbeilage.«
Wie ich die Vorstellung hinter mich brachte, bleibt für mich nach wie vor im dunkeln. Jedenfalls wurde ich in diesem Unternehmen nicht mehr beschäftigt.

Kapitel 13

Es sollte etwas anderes Schreckliches auf mich zukommen: die in Neumünster unumgängliche Tanzstunde. Wer sich in Neumünsters Tanzschule Wappenklause nicht über das Parkett bewegt hatte, konnte automatisch nicht zu Neumünsters anerkannter Jugend gehören. Es war mir also unmöglich, mich auszuschließen.

So zog ich mit knirschenden Zähnen mein einziges Gesellschaftskleid an, das ich bei der Bibelprüfung vor der Konfirmation getragen hatte, schwarzweißes Pepita-Muster mit einer gräßlichen künstlichen Tomate am spitzen Halsausschnitt. Meine Großmutter durchtränkte mein Haar mit Zuckerwasser und drehte es auf Zeitungspapier zu kleinen Röllchen ein, um es endlich einmal zu bändigen, wie sie es nannte. Vor dieser Prozedur lagen meine Haare geradezu in Wellen angeschmiegt um meinen Kopf herum, nun aber trug ich ein riesiges undurchdringliches Gebüsch auf meinem Kopf, aus dem ab und zu der Zucker leise und diskret auf meine Schultern herunterrieselte.

Bei meiner Ankunft in der Tanzschule wurde ich einstimmig und sofort mit dem Namen Tomatenbaum bedacht. So stand ich herum und rieselte verängstigt vor mich hin. Um mich herum saßen wunderschöne blonde Mädchen mit preiswürdigen Busen. Aber wenigstens diesbezüglich hatte ich diesmal vorgesorgt. Ich hatte ein Paar dicke braune plattierte Strümpfe von meiner Großmutter genommen, diese bruståhnlich geformt und an den notwendigen Stellen zwecks Vergrößerung dieser benachteiligten Zonen versteckt. Immerhin sah ich aufatmend, daß einige Jungen sehr wohl bemerkten, daß sich bei mir, sozusagen über Nacht, an gewissen Stellen etwas geändert hatte. Das wollte aber nicht viel heißen, wie sich bald herausstellen sollte.

Es wurde nun auf Anweisung der Tanzlehrerin zum Foxtrott aufgerufen, jeder junge Herr sollte eine junge Dame auffordern. Ob es nun die Panik vor meinem ständigen Zuckergeriesel war oder vor der drohend schaukelnden Tomate oder überhaupt vor meiner ganzen Person an und für sich – der letzte übriggebliebene Junge schloß sich vorsichtshalber auf der Toilette ein. Laut dröhnte die rüstige Stimme der Tanzlehrerin durch den Raum:

»Wer tanzt denn nun mit unserer Ortrud?«

Nach einer langen Pause atemlosen Schweigens:

»Na, denn muß ich wohl!«

Und so trug sie mich mehr, als daß sie tanzte, mit Todesverachtung über das Parkett. Beim nächsten Walzer

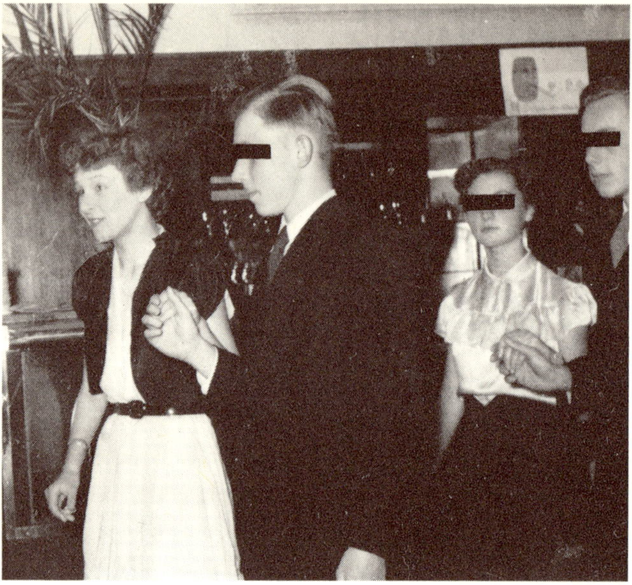

Ortrud auf einem Tanzfest der Klasse in Neumünster 1953.

unterstellte sie mich mit drohendem Gesichtsausdruck einem Knaben, wobei sie sagte:
»Reiß dich zusammen! So schlimm ist sie nicht.«
Ich lächelte krampfhaft und wankte ihm auf die Tanzfläche voran, und er folgte, als hieße es, den Gang zur Guillotine anzutreten.
Vielleicht wäre aber doch alles so schlecht nicht ausge-

gangen, wenn nur dieses unglückselige Kleid nicht gewesen wäre. Die vor Angst und Entsetzen schwitzende Hand des Knaben an meiner Taille tropfte still und kräftig vor sich hin, der Stoff zog sich langsam und stetig zusammen, weil dieses Material nun mal keine Nässe vertrug. Vielleicht hielt sich der Ärmste in seiner Beschämung auch etwas zu kräftig an mir fest, womöglich krallte er sich in das Pepita-Muster.
Seine Hysterie war ja auch erklärlich. Von irgendwoher hatte er ständig einen Zuckergeschmack auf den Lippen, und da er kleiner war als ich, schwebte unentwegt eine rote Tomate vor seinen Augen. Da kann man ja verstehen, daß er sich nicht mehr imstande sah, höflich auf den korrekten Zustand meiner Garderobe zu achten. Auf jeden Fall hatte sich der Taft vom untersten Saum her allmählich durch die Hitze-Einwirkung der tropfenden Hände meines Partners, vielleicht auch durch die Durchtränkung mit Zucker, immer mehr nach oben zur Taille heraufgearbeitet, so daß wir beiden Unglücklichen, ohne es zu ahnen, eine ziemlich ungewöhnliche Runde nach der anderen drehten.
Schmückende Unterwäsche hatten wir damals nicht. Meine Großmutter bezog meine Unterhöschen vom Sozialwerk. Sie waren etwas gebauscht und am unteren Ende mit einem kräftigen Gummiband zusammengerafft, was ihnen in etwa das Aussehen von Pumphosen gab. An diesem Nachmittag trug ich übrigens eine leuchtend Lachsfarbene. Alle bemerkten es, nur ich nicht,

mein Partner nicht und anfangs auch die Tanzlehrerin nicht, die mit Inbrunst den frühreifen Sohn des Friseurs schwenkte. Ich selbst verließ schließlich schreckensbleich die Tanzfläche, aber aus einem anderen Grund: Die bräunlichen Platinstrümpfe von Hermine, die ich mir zu einem stattlichen Busen geformt hatte, mußten sich wohl durch die starke allgemeine Hitze verschoben haben. Jedenfalls drängelten sie nach und nach weg von dem Platz, an dem sie bleiben sollten, und zeigten sich plötzlich wie eine große braune Geschwulst hemmungslos im V-Ausschnitt meines Pepita-Modells. In Weltuntergangsstimmung, mit der Hinteransicht der Lachsfarbenen, wovon ich noch nichts wußte, entfernte ich mich unter den Klängen des Schlagers »Das machen nur die Beine von Dolores« und ständig rieselndem Zucker auf die Toilette.

Inzwischen hatte ich einen hysterischen Harndrang – irgendwie mußte mir doch wieder leichter werden. Aber die rettende Tür war verschlossen. Ich flehte die Person, die doch drinnen sein mußte, um Mitleid an – vergebens. Schließlich fiel mir in meiner Verwirrung ein, daß man den Schlüssel zur Toilette bei der Tanzlehrerin holen mußte. Das war unmöglich: Ich konnte in diesem Zustand nicht noch einmal den Saal durchqueren und den Schlüssel verlangen.

Ich tat eine Verzweiflungstat – später habe ich sie noch öfter begangen –: Ich setzte mich voll anarchistischer Gedanken auf das Waschbecken im Vorraum. Dann

Ortrud beim Vortrag während eines Schulfestes in Neumünster 1954.

hörte ich ein leises Knirschen, irgend etwas brach unter mir – es war das Waschbecken –, und nur zu bald folgte ein immer stärker werdender Strahl aus dem freigelegten Wasserrohr. Wohl zwei Minuten stand ich da wie hypnotisiert vor dem Werk, das ich angerichtet hatte. Meine Lachsfarbene war nun auch noch naß. Im letzten Moment fing ich noch einen Platinstrumpf im V-Ausschnitt ein, der zweite war wohl schon weggeschwemmt.

So blieb ich, bis meine couragierte Tanzlehrerin plötzlich vor mir stand und fragte, ob etwas mit mir nicht stimme.

»Das nicht«, sagte ich, »aber mit dem Waschbecken stimmt was nicht.«

Und meine Großmutter hätte mir nicht diesen Zucker ins Haar streuen sollen.

Daraufhin wurde ich ein für allemal aus dem Kurs gewiesen.

Die Tanzlehrerin sah mich starr an, ich sah sie starr an und sagte noch: »Alles Gute«, und dann ging ich, ich weiß nicht, wie.

Hinter mir ließ ich das Wasser, Zuckerreste verblieben auf dem Bürgersteig, und in mir fühlte ich einen tiefen Haß gegen Tomaten und Pepita-Muster.

14. Hilfe!

Ich wußte nun durch Schulzeit und Tanzstunde, daß ich rein äußerlich nicht die Erwartungen erfüllte, die man an einen Teenager stellt, der sich als bezaubernd oder dergleichen empfinden möchte. Mitunter hielt ich mich selbst für reichlich überspannt, daß ich dennoch ständig diesen Berufswunsch mit mir herumtrug, Schauspielerin zu werden. Jedenfalls war das doch im herkömmlichen Sinne ein Gewerbe, das mit einem gewissen Glamour verbunden ist. Schließlich hatte ich ja auch Filme wie »Grün ist die Heide« oder »Schwarzwaldmädel« gesehen. Es hätte mich doch verunsichern müssen, daß ich kein Schwarzwaldmädel war – nichts zu machen. Niemals würde mir eine deutsche Volkstracht zu Gesichte stehen. Aber vielleicht, so dachte ich, würde ein Tag kommen, wo die deutschen Brunnen und die handgeschminkten Gesichter wieder verschwanden. So lange wollte ich warten.

An dieser Stelle übergehe ich nun die Beschreibung der katastrophalen Schulabschlußfeier und mache den

Schritt ins Berufsleben. Eine Schauspielschule konnte es nicht sein, denn in der Umgebung von Neumünster gab es wirklich nichts dergleichen, und zu meiner Mutter nach Hamburg konnte ich auch nicht, weil sie selbst in einem reichlich schmalen Raum lebte, in den man außer einem Bett kaum etwas stellen konnte. Noch dazu hatte sie sehr ungefällige Vermieter, die ihr ohnehin jede Gesangsübung verboten hatten, weil angeblich der Wellensittich zu sehr darunter litt.

So wandte ich mich vertrauensvoll an das Landesarbeitsamt Neumünster mit dem Wunsch, meinen Fähigkeiten entsprechend in eine Lehre vermittelt zu werden. Unschwer brachte man dort heraus, daß ich eine Vorliebe für Bücher hatte, und so fand ich mich eines Tages mit einem Vermittlerzettelchen in der Buch- und Papierhandlung Emmy Hinst ein mit der Bitte um Einstellung als Buchhandelslehrling.

Emmy Hinst als solche gab es natürlich längst nicht mehr – nur der Name war geblieben; inzwischen betrieb den Laden ein Herr Alfred Hoheisel, der das Unternehmen wohl im Auftrag der Erben führte. Alfred Hoheisel war ein etwas bärbeißiger Endfünfziger, dem sein Holzbein ständig zu schaffen machte, weil es, wie er sagte, von einem total unfähigen Orthopäden aus Rendsburg angefertigt worden war, mit dem er nach wie vor im Streit lag und mit dem er seit zehn Jahren erbitterte Briefe wechselte. Seine Frau Irmi Hoheisel schien vertrauenerweckend, weil sie in ihrer ganzen Anlage sehr üppig war und ständig im Hinterstübchen der Buch- und Papierhandlung stattliche Gerichte kochte, deren Gerüche sich familiär bis auf die Straße verbreiteten. Dann gab es noch den Neffen der beiden Eheleute. Karl hieß er – aber davon später.

Ich wurde also Lehrling in der Buchhandlung Emmy Hinst. Bücher gab es wenige. Sonst fast alles. Der Toto- und Lottobetrieb jedenfalls war das Vorrangige. So begann ich erst einmal zu lernen, wie man locht, wie man Toto- und Lottoscheine nach Nummern sortiert und wie man außerdem noch zu den hoffnungsfrohen Ablieferern ein aufmunterndes Wort sagt. Dann natürlich lernte ich den Unterschied zwischen den verschiedenen Papierqualitäten, von Bütten- bis Toilettenpapier, und hin und wieder kamen interessierte Damen, die ein Buch aus der vorhandenen Bibliothek entleihen wollten. Die Buchtitel bewegten sich in dem Genre »Kathies Weg ins Glück« bis »Ein Förster findet seinen Weg«, und verblüfft hörte ich ab und zu von Kolleginnen, die in anderen Buchhandlungen tätig waren, daß es da noch gewisse andere Bücher gab, die man kennen mußte. Ich wußte davon nichts, kam auch kaum dazu, mich dafür zu interessieren, weil das Lotto-Lochen mich sehr ausfüllte. Einmal jedoch verirrte sich ein Bestseller zu Emmy Hinst, und ich nehme an, der Neffe Karl hatte ihn hintenrum bestellt, weil er etwas Pornographisches dahinter vermutete. Das war »Lieben Sie Brahms?« von Françoise Sagan, aber schon nach zwei Tagen war dieses Einzelexemplar spurlos verschwunden. Entweder hatte es Tante oder Onkel konfisziert, oder der Neffe Karl trieb irgendeinen Unfug damit. Ich habe es jedenfalls danach nie wieder gesehen.

Sicher war es aber das abgründigste Buch, das jemals in der Buchhandlung Emmy Hinst aufgetaucht war. Neffe Karl war zweifellos der Initiator dieser Buchbestellung, auch wenn er es niemals zugab. Karl war überhaupt ein Heimlicher. Es gab Tage, an denen Onkel Alfred wegen Prothesenbeschwerden nicht im Laden war. Dann blühte Karl auf, trank sogar hier und da einen Wodka während der Geschäftszeit und war sehr scherzhaft im Umgang mit mir. Sagte auch, daß er nun fünfundzwanzig Jahre alt geworden sei und noch keine Frau gefunden habe und dergleichen feine Andeutungen mehr.

Nun muß man wissen, daß Karl nicht unbedingt attraktiv war. Auch konnte er merkwürdigerweise keine Worte, die den Buchstaben f hatten, einwandfrei aussprechen, weil sich daraus auf geheimnisvolle Weise immer ein Pfeifton ergab, der zusammenzucken ließ. Man konnte sich mit anderen Worten nicht gerade unbefangen mit Karl unterhalten. Auch den Onkel irritierte diese Eigenheit maßlos, und oft führte er Schmerzen in seiner Prothese darauf zurück, daß Karl an diesem oder jenem Tag zu viele Worte mit f gesprochen hatte. Man sollte aber vielleicht nicht unerklärt lassen, daß Karl im übrigen das f-ähnliche v einwandfrei sprechen konnte und niemals pfiff, wenn er beispielsweise »viel

Hier in Neumünster, in der ehemaligen Buchhandlung Emmy Hinst, empfing Ortrud die ersten Weihen der Literatur, des Papierhandels und des Lotto-Glücks.

Vergnügen« oder »völlig verrückt« sagte. Offen gestanden gewöhnte ich mich aber an Karls Pfeif-Fehler, und ab und zu pfiff ich selbst, wenn mir ein f begegnete.
Doch auf die Dauer wurde mir die Buch- und Papierhandlung Emmy Hinst immer mehr verleidet, gar nicht davon zu reden, daß ich meinen ersten Liebeskummer zu bewältigen hatte. Zwar war es mir nach hartnäckiger Bedrängung gelungen, einen gewissen Armin für mich zu interessieren, aber auch wirklich nur zu interessieren. Er wollte einfach nicht in tiefe Liebe zu mir fallen, wie ich mir das wünschte. Schließlich war ich achtzehn Jahre alt, und dieses Erlebnis fehlte mir. Armin war sehr abweisend zu mir, nahm es mir im Grunde genommen wohl auch übel, daß ich ihn so weit gekriegt hatte, und wollte außer gelegentlichen Treffen einfach keine feste Bindung mit mir eingehen. Das heißt, er leugnete seinen Freunden gegenüber jegliche Beziehung zu mir, wahrscheinlich, weil er mich nicht vorzeigenswürdig fand.
Dies machte mich bitterböse. Täglich saß ich gegen Abend hinter der Gardine, von Oma Hermine kopfschüttelnd beobachtet, und sah auf die Straße, die an unserer Wohnung vorbeiführte. Schon von weitem erkannte ich Armin an der Art, wie er Fahrrad fuhr. Dann raste ich auf die Straße, lauerte ihm förmlich auf oder stellte ihm sogar ein Bein, so daß er anhalten mußte, wenn er mich nicht überfahren wollte. Ich war nicht abzuwehren, ich hinderte Armin stundenlang daran, nach Hause zu fahren, indem ich mich quer auf die Land-

straße warf und einfach nur »Hilfe, Hilfe« rief. Natürlich hielt Armin mich für verrückt, ich hingegen hielt es für den Ausdruck meines starken Gefühls, das sich so formulieren mußte. Immerhin kann ich wohl sagen, daß Armin sich schließlich an mich gewöhnte und nichts mehr dabei fand, wenn ich mich schreiend auf die Landstraße legte, weil er ein falsches Wort gesagt hatte. Aber als ich Armin schließlich endgültig für mich gewonnen hatte, wurde ich nachdenklich, ob er denn wohl der einzig Richtige sei und ob es nicht noch andere gäbe, für die man sich auf die Straße werfen konnte.

Und so beschloß ich plötzlich, Neumünster zu verlassen, besonders auch deswegen, weil die Buchhandlung Emmy Hinst mich nicht sehr befriedigte. Das teilte ich kurz entschlossen Onkel Alfred mit, der daraufhin sehr bedrohlich wurde und mir in den gräßlichsten Farben schilderte, was bei mutwilligem Verlassen einer Lehrstelle passiere. Jedenfalls sah ich mich mit einem Bein im Gefängnis, kaufte mir aber trotzdem eine Fahrkarte nach Hamburg und klingelte eines Morgens bei meiner Mutter, die sehr erstaunt war, mich zu sehen.

15. Hamburg

Hin und wieder rückblickend stellen wir einwandfrei fest, daß die Freie und Hansestadt Hamburg ein prägendes Element war für die jeweiligen Frauenschicksale des Stammes Beginnen. Hier wurden Depressionen durchlebt – Lina versank selbsttätig im Isebek-Kanal, Auguste wäre fast an Alfred mit der Haarlocke gescheitert, fing sich allerdings wieder, Hermine diente in einem Suffragetten-Haushalt, Tante Gerdas Karriere war praktisch beendet an dem Tag, als eine amerikanische Luftmine den Karstadt-Dachgarten traf, und meine Mutter Ingeborg verlor eines ihrer letzten Engagements infolge eines Zeltbrandes auf dem Heiligengeistfeld. So sollte man also meinen, ich hätte gewarnt sein müssen. Doch ich muß in diesem Zusammenhang zugeben, daß Hermine recht hatte, wenn sie einen ihrer Kernsätze abschoß:

»Unglück zieht an.«

Es müssen jedenfalls diesbezüglich unbekannte Erinnyen – mich betreffend – mitgewebt haben, denn was sonst

hätte mich verleiten können, ausgerechnet die Flucht nach Hamburg anzutreten? Nicht etwa, daß meine Rückkehr in meine Geburtsstadt sich sofort als katastrophal erwiesen hätte – es ließ sich alles verhältnismäßig gut an. Der »Norddeutsche Verleger- und Buchhändlerverband« hörte mit Schaudern von meiner unfreiwilligen Ausbildung zur Lotto- und Toto-Locherin bei der Firma Emmy Hinst und vermittelte mich dankenswerterweise an die Buchhandlung Waldemar Heldt in der Mönckebergstraße.
Waldemar Heldt war tatsächlich existent, im Gegensatz zu Emmy Hinst, die man nur als Astralleib bezeichnen konnte. Waldemar war ein Buchhändler im besten und edelsten Sinne – schon weil er mich ohne Murren ertrug –, und er war eine wirkliche Erscheinung, schöngeistig rundum, innen und außen. Er war hochgewachsen, bereits Ende Sechzig, sein Haar war weiß, aber überall noch voll, seine Hände sprachen von jahrzehntelangem Umgang mit Belletristik, obwohl er auch eine umfassende Fachbuch- und Landkartenabteilung hatte.
Waldemars Prokurist war Herr Gassner, ein Mensch mit den wehmütigsten braunen Augen, in denen eine Welt von angelesener erstklassiger Literatur lag (ich glaube, daß er auch selbst schrieb). Herr Gassner war nicht hochgewachsen, sondern eher gedrungen in der Figur, wahrscheinlich deswegen, weil er Schlesier war. Nicht unwichtig übrigens scheint es mir anzumerken, daß Herr Gassner tagaus, tagein einen Anzug mit

Pepita-Muster trug – ein Dessin, das sofort dumpfe Aggressionen in mir weckte und ab und an wie ein Nachtmahr durch meine Träume geisterte.
Ich bin sicher, daß Herr Gassner mich immer als ein wenig suspekt empfand, als eine unruhige Erscheinung, sagen wir mal. Bis heute kann ich mich nicht des Eindrucks erwehren, daß er mich ständig in irgendeiner Form überwachte. Ein Grund für Herrn Gassners außerordentliche Verunsicherung war wohl auch, daß ich nicht ordnungsgemäß wohnte. Jeden Morgen war ich eine Viertelstunde früher als alle anderen im Laden, verschwand zunächst in der Toilette, um meine in alle Richtungen sich sträubenden Haare auf irgendeine Weise zu kämmen. Dann ließ ich heftig das Wasser rauschen – Herr Gassner ahnte bald, daß es sich jeweils um eine Vollwaschung handelte –, und schließlich erschien ich einigermaßen proper.
Jedenfalls so desinfiziert trat ich zum morgendlichen Staubwischen an. Ein Kleid zum Wechseln trug ich ständig in einer alten Badetasche mit mir herum, wodurch es allerdings immer reichlich zerknittert war und sich erst gegen Abend an mir ausgehängt und geglättet hatte. Meine Kollegen bemerkten deswegen ab und an: »Ortrud trägt heute wieder reichlich Plissee«, was ich nach wie vor für eine wohlwollende Auslegung halte.
Herrn Gassner gestehe ich noch nachträglich eine gesunde Verwunderung über mich zu. Er wußte schließlich nichts von meinen Wohnschwierigkeiten, ich hatte mich

Hier in der Mönckebergstraße 3 residierte einst die Buchhandlung Waldemar Heldt.

ihm nicht anvertraut. Wie sollte er also ahnen, daß ich jeden Abend nach Geschäftsschluß drei Stunden lang mit meiner Mutter Ingeborg um die Binnen- und Außen-Alster wanderte, bis wir sicher sein konnten, daß Ingeborgs Vermieter, die Gottheiners, sich zurückgezogen hatten und mir nicht mehr auflauerten, um mich womöglich polizeilich aus der Wohnung weisen zu lassen. Morgens um 7 Uhr 30 mußte ich meine Schlafstelle wieder verlassen und erneut den Alster-Wanderweg antreten, wenn ich nicht mit Herrn Gottheiner zusammenstoßen wollte, der gegen 7 Uhr 45 aus dem Hause ging, sich aber günstigerweise zwischen 7 Uhr 25 und 7 Uhr 40 im Badezimmer aufhielt, in welcher Zeit Frau Gottheiner in der Küche die Kaffeemühle aufjaulen ließ und schon mal mit dem Putzlappen über die Fliesen ging, um sich in eine frohe Morgenstimmung zu versetzen. Aus dieser zeitlichen Konstellation ergab sich also für mich ein morgendlicher Spurt um 7 Uhr 30; denn bereits um 7 Uhr 35 schloß Frau Gottheiner zum erstenmal ihren Staubsauger in die Arme, surrte mit ihm durch die Diele und sammelte hartnäckige Flusen und Fusseln eigenhändig in eine Plastiktüte, wenn sie für den Staubsauger zu schade waren. Diese Konstellation erlaubte mir keine hygienischen Morgennotwendigkeiten, was Herr Gassner nicht wissen konnte. Ganz abgesehen von alledem begann mein Dienst bei Waldemar Heldt erst um neun Uhr, und so hatte ich jeden Morgen gute anderthalb Stunden Zeit, mein Hamburg per Fußmarsch kennenzulernen.

Es ist wohl vorstellbar, daß ich ein nervöser Lehrling war. Meinen Kolleginnen blieb das nicht verborgen, insbesondere nicht meinem Mitlehrling Armanta Zäck (ein Name, unter dem Armanta litt). Armanta lebte bei ihrer Mutter in Bergedorf bei Hamburg, und so bot sie mir an, auch dort einzuwohnen. Die morgendliche Anreise aus Bergedorf war allerdings auch nicht besonders kurz, alles in allem mußte man zwei Stunden rechnen, denn das Gehöft von Armantas Mutter lag eher am Rande Bergedorfs. Das machte aber nichts, denn so lernte ich auch Bergedorf ausgiebig kennen. Armantas Beistand

verdanke ich es, daß ich schließlich nach eineinhalb Jahren Lehrlingstätigkeit bei Waldemar Heldt eine Buchhandelsgehilfin wurde, darüber hinaus noch mit einem echten Kaufmannsgehilfenbrief ausgestattet – von letzterem weiß ich jedoch bis heute nicht, wie ich dazu gekommen bin.
Armanta Zäck wurde schwanger, kurz nachdem sie ebenfalls ihre Lehre abgeschlossen hatte. Sie selbst sprach davon, daß diese Schwangerschaft sich nach einer Dichterlesung in einer befreundeten Buchhandlung ergeben hätte, und zwar mit Hilfe des lesenden Dichters. Ich glaube aber, daß es ein Vertreter vom Luchterhand oder S. Fischer Verlag war. Armanta Zäck bekam einen Sohn, den sie Woyzzeck nannte, denn sie verehrte unter anderem Büchner. Das war 1959. Heute hat Armanta eine Töpferei in Schneverdingen, Kreis Lüneburg, und kürzlich erfuhr ich, daß ihr inzwischen sechzehnjähriger Sohn Woyzzeck sich mit dem Gedanken trägt, Schauspieler zu werden. Mal sehen, ob man in den nächsten Jahren etwas von Woyzzeck Zäck hören wird; der Name jedenfalls läßt aufhorchen.
Hermine hatte unterdessen in Gadeland ausgeharrt, aber zielstrebig auf diversen Ämtern um ihre Rückkehr nach Hamburg gekämpft. So löste sich unversehens das Wohnungsproblem. Hermine bekam den Bescheid, sie dürfe mit Tochter und Enkelin eine Zweizimmerwohnung in Hamburg beziehen, und einer Familienzusammenführung stand nichts mehr im Wege. Zwei Fräulein

Beginnen und eine Witwe Beginnen wurden somit wiederum in Hamburg-Bramfeld häuslich.
Unermüdlich baute dort die »Neue Heimat«, Wohnblocks breiteten sich kilometerweit aus, fielen auch manchmal wieder in sich zusammen, einer glich in schöner Harmonie dem anderen bis aufs i-Tüpfelchen. Hamburger, die in Blankenese oder Othmarschen wohnten, nannten diesen Bezirk gehässig »Klein-Chicago«. Mich berührte das wenig, weil ich in diesen Distrikten sowieso nicht verkehrte.
Allerdings hatte ich große Schwierigkeiten, meinen zuständigen Wohnblock zu finden, wenn ich nach Hause kam. Wir Beginnens wohnten 444 B, aber nur zu oft verwechselte ich 444 B mit 444 C oder 444 E bis 444 H. Das ging ja noch an, aber einmal landete ich in 446 B, was 444 B gegenüberlag und dieselbe Eingangstür hatte – in einem frohen Rot gestrichen –, die gleiche Stufenzahl bis zur Wohnungstür, alle Wohnungstüren natürlich in der gleichen Farbe: aufmunterndes Zitronengelb!
So kam es, daß ich eines Abends unwissentlich bei 446 B klingelte in der Annahme, Hermine oder Ingeborg würde öffnen. Aber vor mir stand eine mir unbekannte Frau, ich starrte sie an, wunderte mich, in 444 B eine Fremde vorzufinden, sah aber gleichzeitig beruhigt, daß die Diele zweifellos mit 444 B übereinstimmte, und auch die Lage der Zimmer deutete ohne Zweifel auf 444 B. Allerdings öffnete plötzlich ein mir völlig fremder

Mann *unsere* Wohnzimmertür und starrte mich ebenfalls wie einen Eindringling an. Da ich von Ingeborg oder Hermine immer irgendwelche Katastrophen erwarten durfte, fragte ich, wobei ich endgültig eintrat:
»Irgendwas passiert mit Ingeborg oder Hermine?«
Die Fremden starrten weiter, und da plötzlich sah ich auf der rechten Seite der Diele, unmittelbar neben dem Badezimmer, einen großen Spiegel, der mir unbekannt war. Ein Spiegel, der nicht zu 444 B gehörte! Das Ehepaar starrte weiter, ich sagte nur: »Oh, ein fremder Spiegel«, und ließ die beiden mit diesem Satz ohne nähere Erklärung allein. Später standen sie noch oft auf ihrem Balkon – unserem täuschend ähnlich, nebenbei bemerkt – und sahen mir gedankenvoll nach. So galt ich frühzeitig als meschugge, obwohl ich nur ein Opfer der »Neuen Heimat« war.

16. Jeanne d'Arc

Es hätte doch sein können, daß die korrekte Beendigung meiner Buchhandelslehre einige Ruhe und Ordnung in mein Leben gebracht hätte. Gleich wurde ich aber wieder aus der Bahn gerissen dadurch, daß Waldemar Heldt, der ohne Erben dastand und die Altersgrenze überschritten hatte, seine Buchhandlung aufgab. Dies sah ich als günstigen Zeitpunkt für eine selbst zu vollziehende Lebenswende an – ich beschloß, mich nach einer Schule umzusehen, in der man das Theaterspielen lernen konnte. Gehört hatte ich in diesem Zusammenhang von der Genossenschaft Deutscher Bühnenangehöriger, die jungen und willigen Idealisten gern mit Rat und Tat zur Seite stünde. Dorthin wandte ich mich vertrauensvoll und hörte erst einmal, daß der Besuch einer Schauspielschule total sinnlos sei, wenn ich nicht vorher eine Eignungsprüfung ablegen würde vor einem Fachausschuß, der sich zusammensetzte aus Mitgliedern des Deutschen Bühnenvereins, Mitgliedern der Genossenschaft Deutscher Bühnenangehöriger und freischaffenden Künstlern der diversen deutschen Stadt-Theater, die alle eine jahrzehntelange Erfahrung mitbrachten. Diese Kommission würde dann entscheiden, ob es für mich sinnvoll wäre, diesen Beruf zu ergreifen oder nicht.

Um variabel zu erscheinen, trug ich zunächst einen Querschnitt aus Schillers »Jungfrau von Orleans« vor, dann Teile aus dem »Vater unser, der du bist im Himmel« (ich fand den Text immer sehr gut zum Vortragen geeignet), und abschließend sang ich – ohne Klavierbegleitung natürlich – »Nur nicht aus Liebe weinen«. Ganz abgesehen davon, daß diese Potpourri-artige Zusammenstellung als geschmacklos empfunden wurde, bescheinigte man mir absolute Talentlosigkeit.

Ich merke an dieser Stelle an, daß mir keineswegs die hämisch-rachsüchtigen autobiographischen Mitteilungen meiner diversen, ebenfalls schreibenden Kollegen und Kolleginnen entgangen sind, die sich endlich nach Jahrzehnten kraft ihres Verlagshauses an ungerechten Urteilen solcher Prüfungskommissionen rächen. Und oft ist das ja auch nicht ganz sinnlos, denn in den meisten Fällen – soweit sie nicht durch den Tod abberufen wurden – sitzen die Prüfer von ehemals noch nach dreißig Jahren in ihren Positionen und wundern sich, wie dieser oder jener Untalentierte von damals es verstanden hat, die Welt zu täuschen.

Es erscheint mir im Hinblick auf die immer wiederkehrenden, immer wieder wahren und daher überaus trivialen Mitteilungen von Künstlern nicht unwichtig, an dieser Stelle einen weiteren Gemeinplatz hinzuzufügen. Wenn die Künstlerin beiläufig erwähnt: »Wissen Sie, ich war nämlich ein häßliches Entlein«, kann der Leser sofort zwischen den Zeilen erraten: »Aber jetzt nicht mehr.« Dabei will ich zugeben, daß ich es ebenfalls nicht versäumt habe, mich kraft dieses Klischees hin und wieder aufzuwerten. Schon der Buchtitel »Guck mal, schielt ja!« ist die reinste Koketterie, weil ich meine Augen inzwischen sehr wirkungsvoll einsetzen kann. Es gibt allerdings auch weniger Wohlwollende, die meinen, dies wäre überhaupt meine einzige Ausdrucksmöglichkeit – was ich für impertinent halte, denn ich verstehe es darüber hinaus heute auch sehr gut, mir durch günstige Drapierung meiner Haare ein gewisses Flair zu geben.

Abgesehen davon neige ich bei Überarbeitung zweifellos zu ausgesprochener Dürre und werde deswegen häufig als schmales Reh bezeichnet, hier und da auch, wie schon in der Schule, als Spargel oder – lobend gemeint – als Flachbrüstige mit Streichholzbeinen. Nicht auszudenken, ich wäre mit einem heftig wogenden Busen ausgestattet oder sogenannten schwingenden Hüften! Und in der Tat kann ich hin und wieder ein gewisses Gefühl des Triumphes nicht unterdrücken, wenn ich bedenke, daß man mir gerade wegen dieser körperlichen Mißbildungen (Scheuermannsche Krankheit) schon im voraus die Berufstauglichkeit abgesprochen hatte. Diese Verbiegung der Bandscheibe macht mir zwar häufig zu schaf-

fen, welchen Umstand ich aber tapfer ertrage, wenn er mich auf der Bühne befällt.
So sind wir Künstler nun mal: Das Publikum merkt es nicht, soll ja auch nicht. Das ist eben die Maske, die schmerzt, weil man sie nicht abnehmen darf. Ich habe allerdings schon versucht, Mitleid zu ernten, wenn ich mit schmerzendem Kreuz in die Hocke gehen mußte und dabei hemmungslos »Aua« schrie. Das Tragische ist aber: Die Leute lachen!

17. Jobs

Zurück zur Formung meines eventuellen schauspielerischen Talentes. Schon bald wurde allen Beteiligten klar, daß es in meinem Falle nichts zu fördern gab. Nach wenigen Wochen verließ ich die Anstalt, um niemals wieder in eine solche zurückzukehren.

Ich war dreiundzwanzig Jahre alt und wollte ganz gewiß nicht mehr Schauspielerin werden. Mein kurzfristiger Kursus hatte mich davon überzeugt, daß dies offenbar nicht meine Welt war. In den Buchhandel zurück wollte ich auch nicht. So wurde ich Jobberin. In den nun folgenden zwei Jahren wechselte ich häufig meine Tätigkeiten. Als Bürogehilfin und Botin bei einer Ölfirma an der Alster versagte ich, weil ich gegen 14 Uhr unlustig wurde und meine Botengänge selbsttätig einschränkte, in dem ich auszutragende Briefe in irgendwelchen Papierkörben längs der Alster verschwinden ließ, manchmal auch einfach im nahen Stadtpark vergrub. Das kam raus.

Hierauf wurde ich tätig in einem Lebensmittelgeschäft

in der Bohnenstraße, nahe dem Rathaus, bei dem Ehepaar Kabus. In Frau Kabus war ich wieder auf eine besonders Reinliche gestoßen, die mich täglich ausgiebig den Bürgersteig vor dem Laden mit Seifenlauge schrubben ließ. Ich fühlte mich mystisch an Clara Böttchers Fliesentest erinnert.

Frau Kabus mochte mich nicht, unter anderem, weil ich nicht eintüten konnte, denn Zucker, Mehl und dergleichen wurden bei Kabus' noch von Hand eingefüllt. Ich soll in den vier Wochen meiner Anstellung insgesamt ein Kilo Mehl und zwei Kilo Zucker durch liebloses und desinteressiertes Eintüten vergeudet haben. Allerdings war ja meine Beziehung zu Zucker nie sehr positiv.

Nach der Bohnenstraße wurde es schon etwas künstlerischer. Drei Monate lang war ich in einem Kino in Hamburg-Barmbek als Platzanweiserin tätig, denn genau solange gelang es mir, meine Nachtblindheit zu verbergen, die sich im dunklen Kinoraum nachteilig auswirkte. Schließlich hatte das Publikum, das im Dunkeln hereintappte, sich vorgestellt, ich würde es sicher zu seinem Platz geleiten. Statt dessen klammerte ich mich panikiert an jeden, der in der Düsternis seinen Weg suchte. Es ist verständlich, daß mir der Kinobesitzer schließlich mitteilte, dies sei nicht der Sinn einer solchen Position.

Meine Anstellung als Hilfsbriefträgerin war ebenfalls sehr kurzfristig, weil ich nicht immer Lust hatte, alle anfallenden Briefe auszuliefern. Ich nahm auch per Zeitungsannonce angepriesene freiberufliche Tätigkeiten

als Staubsaugervertreterin an, konnte aber nicht überzeugen. Ebenso erging es mir mit dem Heimvertrieb einer Seifenmarke, die dem glücklichen Verbraucher angeblich die gesunde Haut eines Bauernmädchens zurückgeben sollte. Nur zu oft wurde mir an den Wohnungstüren der Rat zuteil, ich solle doch dringlichst diese Seife zunächst einmal an mir selbst ausprobieren. Und so war ich in diesem Zusammenhang auch nicht erfolgreich.
Zwischendurch erinnerte ich mich glücklicherweise an das Telefonistinnentalent meiner Mutter Ingeborg und wurde bei der Gesellschaft für Marktforschung vorstellig, um mein eventuell ererbtes Talent als Telefonistin zu überprüfen. Dort blieb ich länger, denn es gelang mir, meine Position zu der einer Art Betriebspsychologin auszubauen, indem ich die zahlreichen alleinstehenden Damen der Firma – besonders montags – per Telefon in ihren privaten Kümmernissen beriet. Das machte mich einigermaßen unentbehrlich und ließ mir gewisse Freiheiten. Als Hausclown war ich sehr beliebt, obwohl ich als verwirrt galt. Aber nicht nur bei der Gesellschaft für Marktforschung wirkte sich dieser Eindruck der Verwirrtheit keineswegs nachteilig für mich aus.
Nach wie vor stelle ich fest, daß man als nicht ernst zu nehmende, als heitere Person viel ungestörter Dingen nachgehen kann, die man sich vorgenommen hat, weil ohnehin niemand mit einer Anstrengung rechnet. Daß dadurch oft der schöne Ruch der Seriosität verlorengeht, kann man in Kauf nehmen.

Ich will aber berücksichtigen, daß der Humor in Deutschland schon immer eine ernsthafte Angelegenheit war. Letzteres bietet mir die günstige Gelegenheit zu der Feststellung, daß meine Geburtsstadt Hamburg – das Tor zur Welt – in ihrem hanseatischen Gebaren meinem Naturell nie so recht entgegenkommen wollte. So beschloß ich eines Tages, endlich umzusiedeln. Beileibe nicht irgendwohin – Berlin wurde es. Einmal war ich schon dort gewesen, mit einem verbilligten Sonderbus zum Wochenende.

Meine Mutter Ingeborg war auf dem Bahnsteig, als ich im Hamburger Hauptbahnhof auf den Zug nach Berlin-Zoo wartete. Außerdem mein Freund Alwin – an ihm wurde die erste Nasenkorrektur in Deutschland durchgeführt, was sich nie ganz verwuchs – und Freund Gerhard (ich glaube, so war wohl der Name), zu dem ich mich eine Weile hingezogen fühlte, weil er zwei verschiedene Manschettenknöpfe trug. Einer war von Woolworth und der andere aus Achat. Alwin mochte Gerhard übrigens auch, aber wir haben uns geeinigt.

So fuhr ich Anfang März nach Berlin und wußte noch nicht, wie schnell und unter welchen Umständen ich wieder in Hamburg sein würde.

In Berlin-Zoo kam ich an mit einem Federbett plus Kopfkissen und zweihundertvierzig Mark Erspartem sowie Heinrich Heines Gesammelten Werken in einer preiswerten Sonderausgabe. Erst mal kroch ich vierzehn Tage bei einem mir befreundeten Studenten der Betriebswirtschaft unter, welche Verbindung jedoch wegen Unvereinbarkeit der Interessen nicht von langer Dauer war. Auch mochten die Eltern mich nicht, wenn ich mich recht erinnere. Letzteres war allerdings kein Novum für mich. Nach Auflösung der betriebswirtschaftlichen Beziehung (oder hat er doch Volkswirtschaft studiert?) – danach jedenfalls mietete ich für fünfundvierzig Mark monatlich ein Zimmer mit Außentoilette in Schöneberg bei der achtzigjährigen Witwe Jahnke. Nach Zahlung des Mietbetrages war das Geld alle, ich hatte – infolge Kreislaufschwäche, hervorgerufen durch Ernährungsmangel – noch einen kurzfristigen Krankenhausaufenthalt durchzustehen und fand danach – fast geläutert – meinen Weg zurück in den Buchhandel.

Einfach sollte sich dieser Weg zurück diesmal nicht erweisen. Ich wurde vorstellig bei einem Herrn Meurer von der Buchhandlung Elwert und Meurer, ebenfalls weißhaarig, aber wesentlich strenger als Waldemar Heldt. Jedenfalls unterzog mich Herr Meurer einer genauen Prüfung, sozusagen auf Herz und Nieren. Zunächst gab er seiner Verwunderung darüber Ausdruck, daß ich im Winter Ballettschuhe trug. Ob es nicht sehr unpassend sei?

Ich sagte, ich fände es kalt. Aber leider sei ich noch nicht zur Anschaffung von Winterschuhen gekommen, ich wäre selbst überrascht, daß nun plötzlich der Winter vor der Türe stünde.

Hierauf entschied er weiterhin, daß meine Haar-

farbe – geschecktes Rot – ihn auf die Dauer zu sehr an einen streunenden Hund erinnere, bei eventueller Anstellung müsse ich das ändern. Ich sagte es zu. Hierauf winkte er einen Angestellten heran und entschied mit Blick in meine Richtung:
»Geben Sie ihr dreißig Mark aus der Buchhändlernotkasse.«
Nachdem er mich so innerlich aufgebaut hatte, unterzog er mich einem Bildungstest. Ich mußte diverse Buchtitel aufsagen, unter anderem von Ernst Wiechert, Ernst Jünger, Gustav Freytag usw., die ihm lieb und wert waren. Es wurden mir auch Kunstpostkarten vorgelegt, und ich mußte die Namen der Maler nennen. Mein Glück war, daß ich mich ab und an tatsächlich mit Malerei beschäftigt hatte, welchen Umstand aber Herr Meurer unmöglich wissen oder ahnen konnte, denn ich trug schließlich im Winter Ballettschuhe.
Nach erfolgreichem Testabschluß teilte Herr Meurer mich für seine Buch- und Kunsthandlung Camilla Speth ein. Am Ku-Damm gelegen, mit Ku-Damm-Publikum, wie er betonte und mich dabei scharf ansah. So kam ich erst mal vier Wochen in den Keller zum Staubwischen und Lageraufräumen, bis Herr Meurer endlich meine Freilassung in die oberen Räume anordnete. Einmal oben, gewann ich rasch Freunde. Einer war da auch, der die Gitarre spielte. Er übte ein paar Liedchen mit mir ein. Tucholsky war natürlich dabei, auch Klabund, Erich Mühsam. Manchmal sangen wir diese Lieder auf Festen

Die Buchhandlung Camilla Speth auf dem Ku-Damm in Berlin, direkt gegenüber dem Forum-Theater.

bei Freunden, die so was mochten und mich ab und zu darauf hinwiesen, daß ich zweifellos ein gewisses Talent hätte, das zum Theater oder mindestens zum Kabarett müsse …

18. The Show loops!

So ging ich denn der Buchhandlung Camilla Speth eines Tages verloren, als ein reisendes Kabarett in Berlin gastierte, das sich »Die Leid-Artikler« nannte. Geleitet wurde es von Dietrich Kittner, von dem man ja nach wie vor viel hört. Wenn ich jetzt ab und an über ihn lese, bin ich immer über seinen Sinneswandel recht froh, denn zu meiner Zeit neigte er seinen Mitspielern gegenüber zu übertrieben autoritärem Gebaren, was sich auch in finanzieller Hinsicht äußerte. Auf Teilung spielten wir damals jedenfalls nicht. An die Leid-Artikler vermittelten mich Freunde, die gehört hatten, daß die derzeitige Dame des Ensembles ausscheiden wollte. So ging ich zu Herrn Kittner, sang etwas und wurde engagiert, die anschließende Tournee mitzumachen. Mein Federbett und Heines Werke ließ ich vorsichtshalber in Berlin. Wie recht ich daran tat!
Das Ensemble der Leid-Artikler bestand aus vier Mitwirkenden. Das waren Dietrich Kittner und seine Gattin, schließlich Willy Weist und ich. Dank Willy Weist

Die »Leid-Artikler« mit Willy Weist (links) und Dietrich Kittner (rechts).

waren wir 1963 meines Wissens das einzige Ensemble mit sieben Augen, denn er hatte ein Glasauge, was ihm ständig einen sarkastischen Gesichtsausdruck vermittelte – von ihm allerdings unbeabsichtigt. Willy war eine sanfte Natur, muckte nie auf gegen Dietrich (nur hintenrum) und war mir eine rechte Stütze in dieser Zeit. Ich hörte, daß Willy jetzt einen Theatervorverkauf in Köln am Rhein betreibt, und hoffe, daß er dort seinen Frieden gefunden hat.

Willy betreute mich liebevoll auf dieser meiner ersten Tournee, die uns von Schulaula zu Schulaula führte; manchmal war auch eine Turnhalle dabei. Wir verbreiteten darüber hinaus Frohsinn auf Betriebsfesten und kritischen Humor auf Werbeveranstaltungen nahezu aller politischen Parteien, wenn diese nur entsprechend zahlten. Dietrich Kittner war in dieser Beziehung nicht überempfindlich, weswegen Willy Weist wohl auch den Ausdruck geprägt hatte:
»Dietrich befiehl, wir folgen.«
Dabei kam es dieser Formulierung sicher sehr zugute, daß Dietrich ein ausgesprochen klingender Name ist.
Immerhin lernte ich auf dieser Tournee bügeln, waschen, nähen und das Anschließen defekter Scheinwerferkabel an noch defektere Steckdosen. Abgesehen von stundenlangen Geduldsübungen bei den zwei- bis dreimal die Woche auftretenden Autopannen. Aber wir hatten trotz alledem nicht das schöne Endziel unserer künstlerischen Exkursionen aus dem Auge verloren: Hamburg sollte es werden, man denke nur! Dietrich Kittner sprach rätselvoll von einem ganz neuen Unternehmen, das sich dort aufgetan habe, unmittelbar in der Nähe des Heiligengeistfeldes. Bei der Erwähnung dieses Ortes wurde ich regelmäßig von unheilvollen Vorahnungen erfaßt, war dort doch meine Mutter Ingeborg abgebrannt.
Näheres und Genaueres über den Ort unserer Tätigkeit erfuhren wir zunächst nicht, denn auch Kittner mochte sich wohl nicht darüber klarwerden, daß es sich um ein

Unternehmen auf der Großen Freiheit handelte, das allerdings in der unmittelbaren Nähe des Heiligengeistfeldes liegt. Großes hatte sich der Senat von Hamburg vorgenommen. Eine Aktion war nämlich gestartet worden unter dem Motto:
»Macht die Reeperbahn sauber!«
Künstlerischer sollte es dort wieder zugehen, literarische Unterhaltung ohne Striptease sollte stattfinden, und großer Dank sollte jedem aufgeschlossenen Lokalinhaber auf der Reeperbahn zuteil werden, der in dieser Hinsicht bereit war, Initiativen zu ergreifen. Davon hatte auch ein Herr Oberenzer gehört, Inhaber der Königin-Bar auf der Großen Freiheit sowie eines Burgenländischen Weinkellers. Dieser Keller war es, der nicht besonders lief, obwohl die Königin-Bar im oberen Stockwerk ihn einigermaßen mitfinanzierte. Und dank Herrn Oberenzers kultureller Aufgeschlossenheit sollte ebendieser Burgenländische Weinkeller unsere neue künstlerische Wirkungsstätte werden.
Bei der Ankunft vor der Königin-Bar war ich zunächst etwas irritiert. Um nämlich in den Keller zu gelangen, mußten wir erst einmal die Königin-Bar durchqueren. Hier zog sich gerade eine Artistin mit starkem Damenbart, genannt Renate, die Affenfrau, in einem Käfig aus. Während sie uns eine nicht zu wiederholende Obszönität nachrief, strebten wir einem roten Schild zu, das besagte: »Zu den Toiletten«, denn dies war, wie uns mitgeteilt wurde, gleichzeitig der Eingang zum Theater. Vorher

passierten wir noch eine liebenswerte Toilettenfrau, die auch allerlei anderes behütete und verkaufte, was gebraucht wurde. Aber dann kam auch schon gleich Oberenzers Theater.

Man durfte ihm nicht übelnehmen, daß er keine Bühne installiert hatte, weil er meinte, wir würden zwischen den Tischen hin und her gehen und singen, während die Gäste bestellten. Wie sollte Herr Oberenzer es anders wissen. Für ihn unterschied sich das eine Gewerbe nicht wesentlich vom anderen. Oberenzer trat allerdings selten in Erscheinung – die künstlerische Seite der Königin-Bar und des Burgenländischen Weinkellers vertrat ein Herr Rafael Ionesco. Ich versuchte ihn für mich zu gewinnen, als er sich mit Ionesco vorstellte, indem ich äußerte:

»Oh, ein großer Name!«

Er sah mich melancholisch an und sagte düster:

»Ja, früher einmal, als ich noch Geiger in der Kurkapelle von Bad Ems war.«

Ich verstand Ionescos Verbitterung. Violonistenschicksale waren mir seit Tante Gerda nicht fremd.

Ionesco war vertriebener Rumäne, Siebenbürgener, wie er sagte. Er hatte Herrn Oberenzer kurz nach Kriegsende bei der Donau-Dampfschiffahrt kennengelernt, und seitdem waren sie Freunde und Partner. Rafael Ionesco war auch verantwortlich für das Engagement des Wiener Komikerpaares Wondra und Zwickel, für den Auftritt der Hamburger Stimmungssängerin Helma

Lindemann sowie für den des Conferenciers Ralph Gregan, dessen Glanznummer eine Büttenrede war, die er – in einem riesigen Kochtopf sitzend – hielt, verkleidet als Missionar, den im nächsten Moment die Neger auffressen wollen. Das machte er damals sehr gut. Soviel ich weiß, produziert er jetzt Filme.

An der Aufzählung dieser Mitwirkenden merkt man schon: Das Programm war nicht kurz. Und jeder Künstler war fest entschlossen, bei der Pressepremiere sein vollständiges Repertoire vorzutragen. Allein unser Vortrag dauerte schon anderthalb Stunden, Wondra und Zwickel beanspruchten eine Stunde, Helma Lindemann eine halbe Stunde und der Conferencier Ralph fünfundvierzig Minuten. So kam es zu gut vier Stunden Darbietung – nicht unbedingt von allererster Qualität. Gequälte Journalisten, die über die neue Sauberkeit auf der Reeperbahn berichten sollten, mochten nicht ausharren. Auch waren sie etwas verärgert, weil eifrige Ober für eine Flasche Wein (moselähnlich) den Reeperbahn-üblichen Preis von fünfundsiebzig Mark anrechneten. So gestaltete sich die Veranstaltung zu einer Art »Abschieds-Symphonie«, in der sich der Zuschauerraum nach und nach leerte, bis nur noch fünf irritierte japanische Seeleute übrigblieben, die sich anderes versprochen hatten. Mit anderen Worten: Es war kein Erfolg.

Dennoch blieben wir die vertraglich vereinbarten vier Wochen. Ionesco versuchte uns zu unterstützen, indem er, uns laut anpreisend, vor der Tür ausrief:

»Come in, the Show loops!«
Manchmal fing er jemand ein, drängte ihn die Treppe hinunter und schloß vorsichtshalber die Tür ab, damit das Opfer unserer Darbietung nicht entfliehen konnte. Dann spielten und sangen wir für diesen einen, damit Herr Oberenzer ihm wenigstens eine teure Flasche Wein verkaufen konnte.
Mein Solo-Vortrag begann mit der Zeile: »Man hat mich mal als Kind zu heiß gebadet«, was immer auf grölende Zustimmung des vereinzelt anwesenden angeheiterten Publikums stieß. Weniger beliebt war eine Ensemble-Nummer, die mit der Zeile: »Die EWG, die EWG – ist eine schöne Idee« begann. Niemand von den Zuschauern konnte mit der Abkürzung EWG jemals etwas anfangen, obwohl es zu allerlei ausgesprochen schmutzigen Auslegungen kam.
Herrn Oberenzers Achtung vor den Künstlern sank täglich – wir brachten nichts, der Raum war ungenutzt. Händeringend erschien er beim nahezu allabendlichen Ausfall der Vorstellung in der teilweise zur Garderobe umfunktionierten Toilette, konkursbedroht und ab und zu den Schrei ausstoßend:
»Das ist der Untergang des Abendlandes!«
Denn er zahlte jedem von uns eine Garantie von hundert Mark pro Woche, und das wollte eingespielt werden. Oberenzer ließ es uns fühlen, daß wir keine Attraktion waren. Willy ließ er es fühlen, machte Bemerkungen über sein Glasauge, mich ließ er es fühlen (»keine

Titten«), Dietrich ließ er es fühlen (»nichts in der Hose«), von Frau Kittner gar nicht zu reden. Nur Ralph, den Conferencier in der Tonne, mochte er irgendwie, weil er im Grunde wohl glaubte, daß Neger Menschenfleisch fressen.

Irgendwie mußte Herr Oberenzer natürlich seine Miete für den Weinkeller verdienen, und so gingen die Damen von der Königin-Bar ab und an kurzfristig mit den anfallenden Herren nach unten, um ihr Geschäft zu erledigen. Da mußte ich manchmal lange warten, bis ich endlich mein Solo vortragen konnte.

Unser Engagement endete, etwas verfrüht, nach dreieinhalb Wochen am 22. November 1963, an dem Tag, an dem John F. Kennedy in Texas erschossen wurde. Herr Oberenzer bemerkte dazu:

»Auch das noch!«

Rafael Ionesco erwähnte gedankenvoll, daß es »immer die Besten trifft«, und uns erreichte gleichzeitig die endgültige Krankmeldung unseres Pianisten, nachdem er schon seit Jahren versucht hatte, eine schleichende Gicht in den Händen zu bekämpfen.

19. Bin ich dran?

Alles in allem schien für mich kein Anlaß mehr gegeben, in der Freien und Hansestadt zu bleiben. Ein künstlerischer Aufschwung war nicht zu verzeichnen. Das einzige Pressezitat, mich betreffend, besagte:
»Über O. Beginnen ist zu berichten, daß sie wenigstens ihren Text konnte.«
Vorausahnend hatte ich mein Zimmer mit Außentoilette bei Witwe Jahnke in Schöneberg weiterbezahlt, und so konnte ich immerhin ohne Schwierigkeiten nach Berlin zurückkehren, was sicher sinnvoller war, als erneut mit Ingeborg und Hermine durch die Anlagen der »Neuen Heimat« zu irren. Eine Anfrage bei Herrn Meurer ergab, daß er mir inzwischen wohlgesonnener war als anfänglich, und so kehrte ich zurück zu Camilla Speth, um mein Buchhandelsgewerbe wiederaufzunehmen.
Allerdings muß ich zugeben, daß ich nach wie vor nicht ganz frei war von abschweifenden Gedanken, die das Theater betrafen. Kein Wunder aber auch, denn trivialerweise lag gegenüber meiner Arbeitsstätte das

»Forum-Theater«, sozusagen als ein Wink des Schicksals. Infolgedessen stellte ich ab und zu Überlegungen darüber an, ob sich nicht eine Möglichkeit ergeben könnte, mich dort als Darstellerin auszugeben. Wohl nicht, indem ich vortrug: »Die EWG ist eine schöne Idee« oder daß »man mich als Kind zu heiß gebadet« hätte, obwohl ich in dieser Solonummer immer sehr glaubwürdig gewirkt hatte...

Ein Wortvortrag mußte es sicherlich sein, etwas Monologisches, mit dem ich brillieren konnte. Aber auch seriös vom Text her und gehaltvoll. Endlich verfiel ich wiederum auf Schillers »Jungfrau von Orleans«, eine Rolle, die, wie ich wußte, mir möglicherweise nicht unbedingt als glaubwürdig abgenommen werden würde. Andererseits war Johannas Monolog sehr schön gereimt und daher leicht zu behalten. Sie hatte auch einen, wie mir schien, wirkungsvollen Abgang, indem sie zum Schluß sagt:

»Johanna geht, und niemals kehrt sie wieder.«

Entschlossen meldete ich mich im Februar 1964 bei der künstlerischen Leitung des »Forum-Theaters« als arbeitsuchende Darstellerin und durfte mein Erlerntes vorsprechen.

Ich soll als »Jungfrau« auch diesmal nicht sehr überzeugend gewesen sein, wie ich im nachhinein hörte, aber immerhin muß ich auf die Zuhörenden derart merkwürdig gewirkt haben, daß man mich vier Wochen später anrief und mir sagte, da gäbe es einen Regisseur aus

Frankreich, dem es schwerfalle, mit normalen deutschen Schauspielern zu arbeiten, und aus diesem Grunde habe man an mich gedacht.
Ich verübelte es keineswegs, daß ich als nicht normale Schauspielerin bezeichnet wurde, und rief diesen Regisseur an, der Wert auf eine gewisse Ausgefallenheit, wenn nicht gar Abnormität zu legen schien. Er hieß Paul Vasil und war ein unernster Mensch, jedenfalls wenn man ihn mit dem Gros deutscher Regisseure verglich. Das hatte allerdings nichts zu tun mit der unglaublichen Intensität, mit der er arbeitete – und arbeitet. Als ich ihn traf, fragte er mich nicht, was ich in diesem Beruf schon gemacht habe, er veranlaßte mich nicht, irgendwelche Rollen aufzuzählen, die ich angeblich schon gespielt habe, und er fragte mich auch nicht nach meinen Ansichten über das Theater an und für sich. Als ich ihn zum erstenmal traf, sagte er nur:
»Machen Sie eine Fratze!«
Meine Fratze gefiel ihm, und ich wurde engagiert für ein Stück von Marcel Aymée, das »Messerköpfe« hieß. Ich spielte darin eine Hollerith-Locherin, die sich zur Bar-Sängerin emporarbeitet und schließlich reich heiratet. Allerhand Text war zu sprechen, womit ich als Ungelernte schwer zurecht kam, dies auch infolge eines »S«-Fehlers, der nicht ohne weiteres zu beheben war. Vasil aber wußte ohne weiteres einen Ausweg. Er strich nahezu den gesamten Text und ließ mich das Notwendige pantomimisch ausdrücken, sozusagen mit Händen und

Die erste Rolle im Forum-Theater am Kurfürstendamm in Berlin mit Michael Rüth in »Die Messerköpfe« von Marcel Aymée.

Mit Paul Vasil, dem Entdecker, bei Probengesprächen.

Füßen, je nachdem, die Augen erschreckt oder freudig rollend und ab und an mit einem sensiblen Zittern der Unterlippe. Als er noch dazu meine vorhandene Musikalität entdeckte, schrieb und komponierte er für mich innerhalb einer Viertelstunde ein Chanson in französischer Sprache, bei dem der S-Fehler infolge der Exotik der Sprache gar nicht weiter auffiel.

Meine Mitspieler allerdings wollten mich nicht so recht gern haben. Sehr wohl bemerkten sie, daß sich eine Amateurin eingeschlichen hatte, die möglicherweise ein schlechtes Licht auf ihre eigene, überaus professionelle Arbeit werfen könnte. Bedenklich äußerten sie sich bei der Direktion über meinen Sprachfehler und daß ich mich auf der Bühne wie im Leben bewegte. In der Tat war meine Haltung nicht sehr stramm, und ich wußte nicht, wie man im Rücken einatmet. Ich schlurfte über die Bühne, anstatt leichtfüßig zu schweben. Stichworte beängstigten mich, und jedesmal guckte ich vorher um eine Ecke der Kulisse und fragte:

»Bin ich jetzt dran?«

Vasil fand das sehr erheiternd, doch meine Kollegen fühlten sich erheblich gestört, sie vermißten präzises Arbeiten, mußten auch länger bleiben, als sie verpflichtet waren, und stellten täglich verbittert fest, daß die Mittagspause nicht pünktlich eingehalten wurde oder auch gar keine stattfand. Allein schon die Wichtigkeit der Mittagspause war mir nie aufgegangen, insbesondere deswegen, weil Paul Vasil und ich uns ohnehin höchstens eine Boulette leisten konnten oder ab und an eine Curry-Wurst mit Pommes frites, wenn es hoch kam. Richtig ausgefüllt fühlten wir uns, wenn wir bis zu zwölf Stunden täglich arbeiteten, eine Neigung, der sich ebenfalls nicht alle Mitarbeiter anschließen wollten.

So machte ich mich ahnungslos unbeliebt. Jedenfalls bis zum Tag der Premiere. Eine Stunde vor meinem Auftritt wurden mir erstmals teilnahmsvolle Worte von seiten meiner Kollegen zuteil. Ich solle doch nicht zu traurig sein über den Reinfall, der mich mit Sicherheit erwartete, und nie vergessen, daß ich glücklicherweise einen anderen schönen Beruf hätte, in den ich nach dieser gewiß negativen ersten Theatererfahrung jederzeit zurückkehren könne.

So gestärkt, trat ich an diesem Premierenabend vor Publikum und Presse im Forum-Theater. Mein erster Satz war »Ich bin Künstlerin, mein Herr«, und fast wäre ich auf der Stelle umgekehrt angesichts des brüllenden Gelächters, das diese Bemerkung hervorrief. Bis heute weiß ich nicht, ob die Leute lachten, weil es so unglaubwürdig klang oder so überzeugend. Möglicherweise beides.

Sicher bin ich, daß ich es damals dem Berliner Publikum zu verdanken hatte, akzeptiert zu werden. Denn nicht überall hätte man wohl die – sagen wir – Zwiespältigkeit meiner Erscheinung und Art als bühnengeeignet empfunden.

Gesagt werden muß es, auch wenn das Sentiment nur so

zwischen den Zeilen trieft: Hätte *ich* nicht Berlin gefunden, hätte *mich* Berlin nicht gefunden, wäre nicht ein Franzose namens Paul Vasil nach Berlin gekommen – die einzige Bemerkung, die jemals über mich in einer Zeitung gestanden hätte, wäre die geblieben, daß ich »wenigstens (meinen) Text konnte«.

Mein Bett und Heinrich Heines Gesammelte Werke werde ich immer in dieser Stadt zurücklassen, ich wüßte nicht, wo sonst!

Falls man ein Fazit ziehen sollte

Freunde und Nicht-Freunde, die hörten, daß ich ein Buch schreibe, nahmen an, ich würde mich eingliedern in die Reihe der schreibenden Protagonistinnen unter dem Aspekt »Bericht einer Karriere« oder »Wie ich es dennoch geschafft habe«.

Das war zumindest nicht meine Absicht. Auch hätten dergleichen Mitteilungen aus meinem noch unvollendeten Künstlerleben einen stilistischen Bruch in der Berichterstattung über die Frauen der Linien Duncker/Böttcher/Beginnen bedeutet.

Wir Duncker/Böttcher/Beginnen waren schließlich geprägt durch Mißstände, Umstände und Schwierigkeiten. Und ich gedenke nicht, diese Tradition ohne weiteres zu brechen. Das tiefe Wasser, die Garküchen Deutschlands, eine gewisse Leichtlebigkeit, die höheren Herrschaften und eine unerwiderte Liebe zur Musik haben bei uns immer eine entscheidende Rolle gespielt.

Das Wasser habe ich bewältigt, indem ich mich als einzige freigeschwommen habe – rein sportlich gemeint –,

die Garküchen sind mir bisher erspart geblieben bis auf die Tatsache, daß ich unzählige Dienstmädchen auf den Bühnen dieses Landes gestaltet habe. Leichtlebig!? – bin ich denn das? Und die höheren Herrschaften – sie hätten mich ohnehin nie eingestellt. Die tiefe Liebe zur Musik ging allerdings auch an mir nicht vorüber, aber ich versuche nach wie vor, sie verbissen zu bewältigen.
Eine gewisse Vorsicht deutschem Wesen und Denken gegenüber hängt mir allerdings an. Wie soll ich wissen, ob es sich nicht eines Tages rächen wird, daß ich eine ausgesprochene Abneigung gegen Fliesenteste habe – was sicher im Zusammenhang mit Clara Böttcher steht –, daß ich die Nadel nicht zu führen verstehe – siehe auch Alfred mit der Haarlocke –, daß ich eine Aversion gegen Blasinstrumente und Uniformen habe – Frieda! –, daß ich keine russischen Eier herstellen kann und keine Butter esse – Lina! – oder daß ich keine rechte Suffragette geworden bin – Hermines Warnung!
Letzteres schon deshalb nicht, weil es sich nicht so ergeben konnte, denn ich mußte ohnehin immer im Jahr der Frau leben, seit ich die Augen auftat und schielte. Denn alles in allem gab es – überlieferungsgemäß – auch in meinem Fall keinen Herrn und Vater, der mich behütet aufzog, mich abschirmte gegen Häßliches in dieser Welt, mir eine Bildung zukommen ließ, meine Talente förderte und pflegte und mich eines Tages verwirrt und verunsichert in diese so reale Welt entlassen hätte.
Natürlich – ich kämpfe oder streite nie mit Rasierklin-

gen an den Ellenbogen, denn ohnehin schweben meine Damen Frieda, Alma, Clara, Auguste, Hermine und Ingeborg fortwährend um mich herum, mahnen mich und erhoffen von mir, was ihnen mißlang. Die unsichtbare Armee – das verpflichtet.

Ich weiß, die Herren sind nicht sehr dominierend in diesem Bericht, aber nicht aus einer bösen Absicht heraus. Sie dominierten eben einfach nicht. Wie hätten sie denn auch: Jacob Gusch, ein fliegender Händler – also ohne Ziel; Joachim, ein Dragoner in Uniform und einer Trompete in der Rechten; Wilhelm Böttcher, der dreißig Jahre lang an einem deutschen Adler herumschmiedete; Stelzner, ein Maler mit gichtigen Künstlerhänden; Jacob, gleich als Vollwaise gedacht und darum ohne Hoffnung; Onkel Zacharias mit dem Klumpfuß; und mein Vater, sowieso ohne Aussichten in *jenem* Deutschland. Männer ohne Zukunft – alles in allem. Nicht ohne Reiz mögen die vielfältigen Berufe dieser Erzeuger für meine Damen gewesen sein. Allerdings – nicht eine von ihnen hat jemals einen Weihnachtsmann* getroffen. Dieses Glück habe nur ich gehabt, außerdem – nicht unwichtig für mich: Er hat keinen langen weißen Bart.

Seitdem glaube ich an den Weihnachtsmann, was ich – alles in allem – nie für möglich gehalten hätte. Denn ich bin kein Christkind.

* Beachten Sie die unumgängliche Widmung auf der achten Seite. Dadurch schließt sich der Kreis.

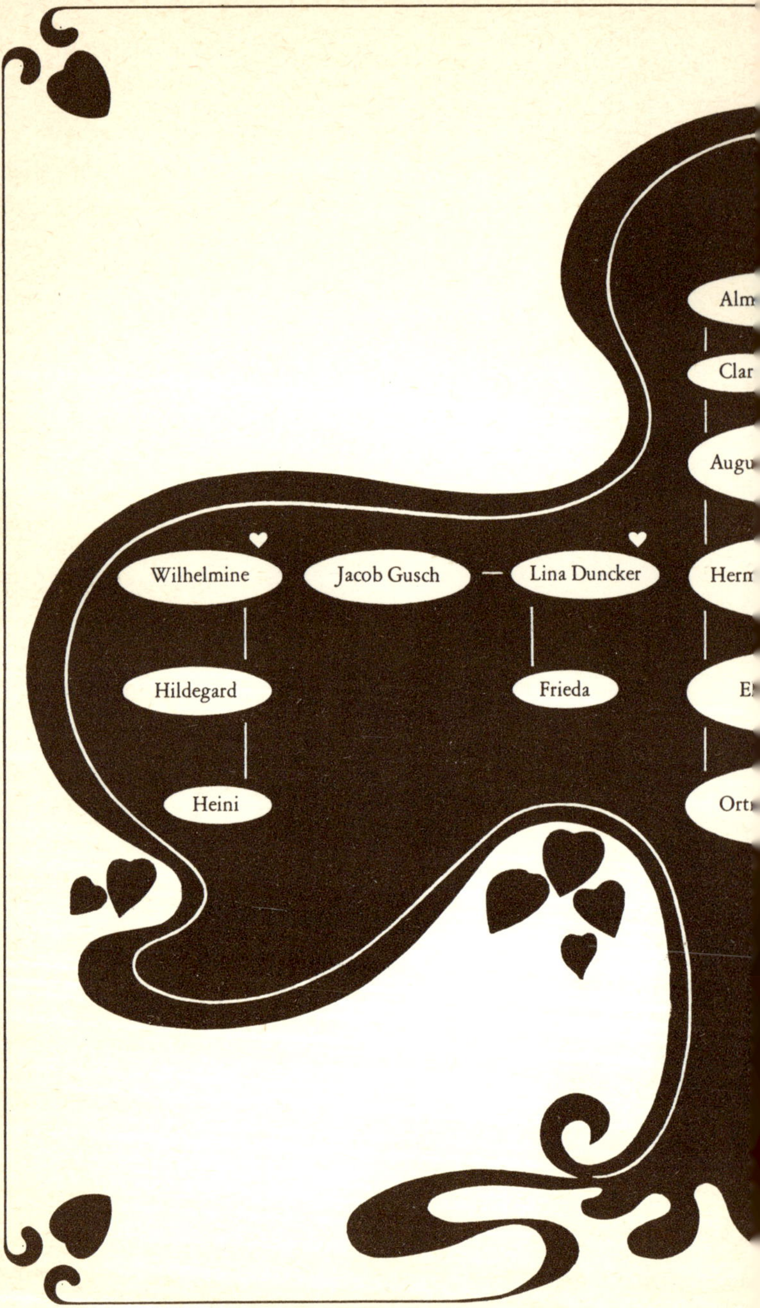
Wilhelmine
Jacob Gusch
Lina Duncker
Hildegard
Frieda
Heini